Maren Lammers und Isgard Ohls

Mit Schuld, Scham und Methode

Ein Selbsthilfebuch

Maren Lammers und Isgard Ohls

Mit Schuld, Scham und Methode

Ein Selbsthilfebuch

BALANCE ratgeber

Maren Lammers und Isgard Ohls
Mit Schuld, Scham und Methode
Ein Selbsthilfebuch

1. Auflage 2017, korrigierter Nachdruck 2022
ISBN-Print: 978-3-86739-160-3
ISBN-PDF: 978-3-86739-879-4

Bibliografische Information der Deutschen Nationalbibliothek
Die Deutsche Nationalbibliothek verzeichnet diese Publikation
in der Deutschen Nationalbibliografie;
detaillierte bibliografische Daten sind im Internet über
http://dnb.ddb.de abrufbar.

Alle Übungen und Impulse dieses Buches finden Sie im Internet auf dieser Seite:
www.balance-verlag.de/buecher/detail/book-detail/mit-schuld-scham-und-methode.html
Der Zugangscode lautet: Schuld und Scham

Der BALANCE buch + medien verlag ist ein Imprint
der Psychiatrie Verlag GmbH, Köln.

Lektorat: Karin Koch, Köln
Illustrationen: Till Runkel, www.tillustration.de
Foto, Umschlagkonzeption und -gestaltung: GRAFIKSCHMITZ, Köln,
unter Verwendung eines Fotos von Michael Schmitz
Typografiekonzeption und Layout: Iga Bielejec, Nierstein
Druck und Bindung: Westermann Druck Zwickau

Wir widmen das Buch unseren Patientinnen und Patienten, Mitmenschen und Wegbegleitern.
Wir danken ihnen von Herzen für ihren Mut, ihr Vertrauen und die Offenheit.

Alle Impulse und Übungen finden Sie auch im Internet auf dieser Seite: www.balance-verlag.de/buecher/detail/book-detail/mit-schuld-scham-und-methode.html – Das Codewort lautet: Schuld und Scham

Jeder glaubt, *die* Scham und *das* Schuldgefühl ganz genau zu kennen. Beide Emotionen erleben Menschen jedoch sehr unterschiedlich. Ihnen gemeinsam ist, dass Menschen Angst vor der unangenehmen emotionalen Qualität von Scham und Schuld haben. Daher stellen beide Emotionen uns Menschen vor eine große Herausforderung.

Nichts beschäftigt Menschen im Alltag mehr als die Vermeidung von Scham und Schuld. Deshalb entschuldigen wir uns vorsorglich, kleiden uns angemessen, übernehmen vorausschauend Verantwortung, lassen Menschen den Vortritt, bekunden Reue im Falle eines Fehlverhaltens. Viele kleine Alltagssituationen haben die Scham- und Schuldvermeidung zum Ziel. Und interessanterweise fühlen wir häufiger Schuld und Scham, als es notwendig ist. Unsere individuellen familiären, kulturellen und religiösen Prägungen tragen maßgeblich zur Entwicklung und Aufrechterhaltung von Scham- und Schulderleben bei. Diese einzelnen Aspekte werden in diesem Ratgeber in den Blick genommen.

Die oft einhergehende Rat- und Hilflosigkeit im Umgang mit den beiden Emotionen resultiert daraus, dass frühes und intensives Scham- und Schulderleben meist ein sehr negatives Selbstbild begünstigt. In der Folge spielen Scham und Schuld auch bei der Entstehung von psychischen Erkrankungen eine große Rolle. Genauso halten unbearbeitete Scham und Schuld psychische Erkrankungen aufrecht und können mit diesen entstehen.

Wir können die biografischen Erlebnisse, die zu frühem und intensivem Scham- und Schulderleben geführt haben, leider nicht ungeschehen machen. In früher Kindheit wiederholte oder auch traumatische Frustrationen der Grundbedürfnisse sind erfolgt. Erst wenn die Verletzungen aus diesen Zeiten ausreichend gewürdigt werden, sind Veränderungen möglich. Dieses Buch möchte Menschen darin unterstützen, die Folgen und den bisherigen Leidensdruck zu mildern, indem es eine sinnstiftende Auseinandersetzung fördert. Dazu gehört es aus unserer Sicht auch, einen guten Umgang mit dem Erlebtem zu finden. Nach unseren Erfahrungen mit Patientinnen und Patienten ist das möglich.

Menschen können auch noch im fortgeschrittenen Erwachsenenalter durch die Auseinandersetzung mit Scham und Schuld lernen, viel besser für sich zu sorgen, als für sie gesorgt wurde. Es ist uns ein persönliches Anliegen, dass diese Menschen sich mit mehr wohlgemeinter Zuneigung, Achtung und Respekt begegnen können, als sie in ihrer Kindheit erfahren haben.

Wir möchten mit dem vorliegenden Buch Betroffene ganz ausdrücklich dazu ermutigen, sich dem eigenen Scham- und Schulderleben zu stellen. Die vielfältigen Anregungen, sich mit biografischen Erfahrungen auseinanderzusetzen und so alte, frühe Scham- und Schuldmuster zu erkennen, ist ein wesentlicher Bestandteil dieses Ratgebers. Das erleichtert es Ihnen zukünftig, die Vorläufer von Scham und Schuld zu erkennen, wertzuschätzen und für sich zu nutzen. So können angemessene Scham- und Schuldreaktionen für viele Menschen wichtige Signale liefern, wie der Kontakt zu anderen Menschen besser und bedürfnisorientiert gestaltet werden kann.

Das Buch ersetzt keine Therapie, wenn intensives und häufiges Scham- oder Schulderleben bereits zu psychischen Erkrankungen geführt hat. Jedoch kann es als begleitende Lektüre zu einer Therapie eingesetzt werden. Im Verlauf des Textes geben wir an den entsprechenden Stellen immer wieder Hinweise, wie und wann Sie sich professionelle Hilfe suchen und gönnen sollten.

Das vorliegende Buch ist als Ratgeber und als Selbsthilfebuch konzipiert. Zunächst soll in einem psychoedukativen Einleitungsabschnitt Wissen für ein besseres Verständnis und einen leichteren Zugang zu den Begriffen Scham und Schuld vermittelt werden. In der Folge wird es darum gehen, einen Umgang mit frühen Scham- und Schuldreaktionen zu erlernen und hellhörig auf individuelle Warnhinweise zu reagieren. Sie können hierdurch lernen, Ihre Emotionen als Warnhinweise zu verstehen, um schließlich zu einer sinnstiftenden Auseinandersetzung mit den eigenen Anlagen und Erfahrungen zu gelangen. Im Text werden Sie immer wieder Fallbeispiele, Übungen und Abschnitte finden, die durch einen Ballon gekennzeichnet sind. Diese Impulse in Form von Gedanken und Bildern möchten Sie einladen, sich ganz praktisch auf eine Auseinandersetzung mit Ihren eigenen Scham- und Schuldthemen einzulassen. Diese Ideen sind zumeist unserem praktischen und therapeutischen Alltag entwachsen und diesem entnommen worden.

Da der Text von zwei Autorinnen konzipiert wurde, finden sich im Text gelegentlich stilistische Unebenheiten, die wir zu entschuldigen bitten, frei nach dem Motto: Ich schäme mich, denn diese Freiheit bin ich mir selbst schuldig.

Uns hat die Arbeit an diesem Ratgeber sehr viel Freude bereitet, von der wir hoffen, dass sie für Sie spürbar ist und wir sie weitergeben können. Fühlen Sie sich eingeladen, sich auf den spannenden Weg Ihrer eigenen biografischen Entwicklung zu begeben, und die jeweiligen Anteile Ihres individuellen Scham- und Schulderlebens zu ergründen. So können Sie bestimmt (vielleicht) Ihre eigenen Scham- und Schuldthemen besser verstehen lernen, die eigenen Themen damit erkennen und mit mehr Verständnis für den Sinn und sich selbst durchs Leben gehen.

Maren Lammers & Isgard Ohls

Sie schämen sich oder haben Schuldgefühle? Herzlichen Glückwunsch! Sie erfüllen damit eine der wichtigsten Voraussetzungen, um mit Ihren Mitmenschen grundsätzlich gut zurechtzukommen. Sie haben außerdem das Potenzial, sich persönlich weiterzuentwickeln.

Sie sind überrascht? Vermutlich haben Sie das Buch in der Hand, weil Sie im Umgang mit Scham oder Schuld immer wieder an Ihre Grenzen stoßen. Vielleicht kommen Sie gar nicht gut zurecht, schon gar nicht mit anderen Menschen. Vielleicht setzen Ihnen auch die ewigen Verantwortungsverweigerer und scheinbar schuld- und schambefreiten Menschen im Alltag mächtig zu.

Formulieren Sie hier ganz spontan und in Stichworten Ihre Themen in Bezug auf Scham und Schuld:

Meine Themen mit Scham und Schuld sind:

....

....

....

Wann melden sich die Themen in meinem Alltag?

....

....

....

....

Sie haben vielleicht schon ein paar Worte für Ihre Schwierigkeiten mit Scham und Schuld gefunden. Wenn nicht, möchten wir Sie bitten, es noch mal mit folgender Anregung zu probieren:

Versprechen Sie sich selbst, mindestens fünf Minuten an den Übungen zu arbeiten. Sie können sich dafür einen Aspekt aussuchen oder nur die Fragen beantworten, die Sie ansprechen. Allerdings ist es wichtig, sich keine Ablenkungen oder Gedanken an Lustlosigkeit zu erlauben. Nach fünf Minuten ziehen Sie Bilanz. Macht die Übung Spaß, bringt sie neue Erkenntnisse, dann bleiben Sie dran. Will sie nicht richtig gelingen, vertagen Sie die Übung. Vielleicht brauchen Sie noch etwas Zeit oder mehr Wissen.

Wir haben mit diesem Vorschlag von Müller-Braunschweig und Stiller (2010) in Therapien gute Erfahrungen gemacht. Deshalb haben wir viele kleine Aufgaben und Übungen, die Ihnen helfen können, sich mit den eigenen Scham- und Schuldthemen auseinanderzusetzen, mit dieser Uhr versehen.

Der »kleine Ballon« vor einigen Abschnitten lädt Sie ein, mal ganz anders und vielleicht überraschend auf Scham und Schuld zu schauen. Niemand zwingt uns, einen Ballon festzuhalten. Wir können ihn einfach loslassen oder weitergeben oder mit einer Nadel und einem Knall platzen lassen. So kann es auch in der Arbeit mit den Emotionen Scham und Schuld gehen. Auch unsere symbolischen Ballons sind für Überraschungen gut.

Doch bevor es an die Arbeit geht, wollen wir für die beiden bislang unliebsamen Zeitgenossen Scham und Schuld ein bisschen Werbung machen, um Ihnen ihre sinnvollen und hilfreichen Seiten zu verdeutlichen. Widmen wir uns zunächst den guten Nachrichten, ehe es an die Arbeit geht. Aus unserer therapeutischen Arbeit wissen wir, wenn das Ziel klarer ist, lassen sich notwendige Veränderungen viel leichter angehen. Deshalb einige wichtige Informationen vorab.

Scham und Schuld treten meist im Kontakt mit anderen Menschen auf. Daher werden sie auch als soziale Emotionen bezeichnet.

Natürlich kann ich mich auch alleine vor mir selbst schämen und mich mit Schuldgedanken beschäftigen. Das Besondere daran ist jedoch, dass ich mir oft ganz unbewusst dabei vorstelle, wie andere über mich denken oder gar reden würden. Ich meine zu wissen, wie andere mich und mein Verhalten bewerten. Wir versuchen, uns im Alltag ganz automatisch so zu verhalten, dass die Emotionen gar nicht erst entstehen können – beziehungsweise nur als von außen nicht wahrnehmbares Hintergrundprogramm ablaufen.

Werte, Normen und Regeln zu kennen, hilft, Scham und Schuld zu vermeiden.

Gesellschaften brauchen verbindliche Normen und die damit verbundene Ablehnung sozialer Verhaltensweisen, derer man sich zu schämen hat, wie etwa Egoismus, Dominanz, autodestruktive Aggressionen oder Freiheitsbeschränkung einzelner Gruppenmitglieder. Normen sichern den sozialen Frieden, den eine Gesellschaft für ihre Fortexistenz benötigt. Mitglieder einer Gemeinschaft erlernen diese Werte, Normen und Regeln bereits in der Kindheit.

Der soziale Charakter von Scham und Schuld führt dazu, dass wir diese Emotionen häufig erleben, denn wir sind soziale Wesen. Manchmal reicht die Erinnerung an bestimmte Situationen, um die Emotionen wieder spürbar zu machen. Ähnlich wie bei Stolz oder Mitleid oder Neid. Diesen komplexen Emotionen gemeinsam ist ein verwobenes Netz von Gedanken, welches Wissen über sich und die Welt, deren Regeln und Normen, Erinnerungen und frühere Erfahrungen, Bewertungen, Körperempfindungen, Handlungsimpulse und vieles mehr enthält.

Die soziale Funktion der Scham wird auch beim sogenannten »Fremdschämen« deutlich. Jeder von uns hat sich schon im Alltag oder in einer dieser bloßstellenden Talkshows für jemanden stellvertretend geschämt. Dazu benötigen wir eine große Portion Einfühlungsvermögen, auch Empathie genannt (siehe das Kapitel »Ohne Empathie geht nichts«). Es beruht unter anderem auf tief verinnerlichten Werten, Normen und Regeln. Fremdschämen oder uns stellvertretend schuldig fühlen können wir, weil wir denken, dass für die Person, die wir beobachten, dieselben Regeln, Werte und Normen gelten wie für uns und sie genauso fühlt wie wir. Werden Schuld und Scham im sozialen Zusammenhang mit Empathie und Mitgefühl verstanden, so verlieren sie ihren Schrecken.

Wie jede andere Emotion stellen Scham und Schuld sozusagen situationsbezogene »Antworten« des Organismus auf bestimmte Reize, Erfahrungen oder auch Gedanken dar. Unser Körper kann uns keinen Brief schreiben, er hat nur bestimmte Möglichkeiten, uns Signale zu senden. Emotionen sind Signale (vgl. das Kapitel »Der Körper sendet Signale«).

Die Emotion Freude signalisiert uns zum Beispiel, dass uns ein nettes Gespräch mit dem Nachbarn gutgetan hat. Ärger zeigt uns, dass wir es nicht okay finden, wenn uns jemand den Parkplatz vor der Nase wegschnappt. Die Traurigkeit, die uns überkommt, wenn wir verlassen worden sind, verdeutlicht, wie wichtig der andere Mensch für uns war. Schuld zeigt, dass wir wissen und bedauern, dass durch unser Verhalten Schaden beim Gegenüber entstanden ist. Scham ist Ausdruck dafür, dass wir uns anders zeigen, als wir es für uns wünschen oder es von uns erwartet wird.

Die Palette möglicher Emotionen ist groß (vgl. die Emotionsliste im Anhang, S. 211). Emotionen treten schnell auf, sind gut spürbar und klingen zeitnah wieder ab, insbesondere wenn wir sie erkennen und etwas dafür tun können. Bei Schuld hat sich im Alltag eine Entschuldigung oder eine kleine Wiedergutmachung als entlastend bewiesen. Scham kann weniger werden, wenn wir uns wohlwollend vornehmen, kleine Entwicklungsschritte zu gehen, an denen wir reifen.

Scham und Schuld, die zeitlich befristet und im Zuge bestimmter Ereignisse oder Erlebnisse entstehen, sind ein Ausdruck von Gesundheit.

Scham und Schuld begleiten uns alltäglich bei allen Kontakten mit anderen Menschen, auch wenn uns das nicht immer bewusst ist. Da diese Emotionen unangenehme Zeitgenossen sind, versuchen wir, uns in der Regel so zu verhalten, dass wir diese Emotionen so selten wie möglich zu spüren bekommen. Das zeigt sich zum Beispiel darin, dass wir uns Konsequenzen unseres Handelns überlegen, korrekte Kleidung tragen, uns an allgemeine zwischenmenschliche Regeln halten, uns im Restaurant angemessen benehmen und schon im Vorfeld eine kurze Entschuldigung per SMS schicken, wenn wir absehen können, dass wir zu spät kommen.

Wir vermeiden das Entstehen von Scham- und Schuldgefühlen nicht nur bei uns, sondern versuchen auch, darauf zu achten, dass niemand, der uns wichtig ist, sein Gesicht verliert. Der Erhalt der Ehre und Würde spielt in einigen Kulturen und Religionen eine zentrale Rolle, zum Beispiel im Islam. Wir alle kennen das unangenehme Erleben, das sowohl Scham als auch Schuld begleitet. Deshalb versuchen wir, ein Familienmitglied, eine Freundin oder einen Kollegen davor zu schützen, sich schuldig oder beschämt zu fühlen.

Dennoch brauchen wir Scham- und Schuldgefühle. Jede Emotion hat ihren Sinn. Sich schuldig zu fühlen, Schuld wiedergutzumachen, fördert das Gemeinschaftsgefühl. Unserem Gegenüber zu zeigen, dass wir uns schuldig fühlen, ist enorm wichtig. Die Geschädigten erleben Entlastung und fühlen, dass wir den Schaden anerkennen. Erst dann können sie uns vielleicht verzeihen, unsere Entschuldigungen annehmen.

Menschen, die Scham und Schuld erleben und zeigen können, werden von anderen Menschen als besonders sozial wahrgenommen. Man umgibt sich gerne mit ihnen, weil man sich sicher sein kann, dass sie Werte, Normen und Regeln des Miteinanders kennen und versuchen, diese einzuhalten.

Umgekehrt meidet man im Alltag den Kontakt mit Menschen, denen ein Schulderleben zu fehlen scheint, obwohl für Außenstehende deutlich ist, dass sich hier ein Mensch durch Tun oder Unterlassen schuldig gemacht hat.

Ein anderer wichtiger Aspekt kommt ebenso häufig zum Tragen. Sich schuldig für ein Verhalten zu fühlen, kann bisweilen so unangenehm sein, dass Menschen sich lieber gleich freundlich oder doch besser als beim letzten Mal verhalten.

Scham zu zeigen, bedeutet auch, dass wir mit uns selbst noch nicht zufrieden sind und wissen, dass wir uns noch entwickeln können. Das lässt Mitmenschen wohlgesinnt sein und sich mitfühlend verhalten.

Scham zu erleben ist eine Chance, seine Persönlichkeit weiterzuentwickeln.

Dabei werden an verschiedene Alters- und Lebensphasen unterschiedliche Maßstäbe angelegt. So wird einem Teenager manch ein Ausreißer wohlwollend verziehen, weil jeder von uns weiß, dass die Pubertät eine echte Ausnahmezeit ist. In dieser Phase entwickelt sich die Persönlichkeit noch mal deutlich. Dasselbe Verhalten von einem Mitvierziger löst dagegen allgemeines Kopfschütteln aus, weil in dem Alter mehr Umsicht und Wissen erwartet wird. Schämt sich der Mitvierziger aber offensichtlich, sind die Urteile meist viel milder.

Scham und Schuld zu erleben und zu zeigen, verhindert, aus der Gemeinschaft verstoßen zu werden. Das ist zweifelsohne heute nicht mehr ganz so brisant wie vor vielen, vielen Jahrtausenden, als es den Tod bedeutete, wenn Menschen aus der Sippe verstoßen wurden. Damals war es kaum möglich, alleine in der Wildnis zu überleben. Heute fühlen sich Menschen äquivalent dazu sehr einsam. Deshalb sind Scham, Schuld und Einsamkeit eine häufige und ungeliebte Kombination von Emotionen.

Wann sind Scham und Schuld ein Problem?

Wie bei jeder anderen Emotion kommt es auf die Häufigkeit und Intensität an. Sich ständig für alles schuldig zu fühlen, ist weder gesund noch hilfreich. Quälende Schuldgedanken, aus denen es kein Entrinnen gibt, ewiges Grübeln über die eigene Unzulänglichkeit ist genauso wenig sinnvoll. Manchmal stehen Scham- und Schuldgefühle so im Vordergrund, dass andere Emotionen wie Freude, Glück, Trauer oder Ärger nicht mehr zu spüren sind.

Weniger leicht als das Übermaß an Scham- und Schuldgefühlen, aber genauso häufig ist das Gegenteil zu erkennen. Es gibt Menschen, die behaupten, an nichts schuld zu sein, für nichts Verantwortung zu tragen. Sie können für nichts etwas und suchen die Verantwortung für ein Fehlverhalten oder entstandenen Schaden stets bei anderen Menschen oder im Schicksal. Diese Menschen strapazieren mit dieser Haltung auf Dauer das Gemeinschaftsgefüge sehr deutlich. Niemand kann scham- und schuldfrei durchs Leben gehen. Das ist eine Illusion. Schuld und Scham begleiten uns dennoch unser Leben lang. Erst recht, wenn wir versuchen, beide Emotionen immer zu vermeiden.

Ein vereinfachtes Bild soll helfen, das besser zu verstehen.

Stellen Sie sich Scham oder Schuld als Wasserball vor. Das Leben findet im Wasser statt und Sie müssen versuchen, den Wasserball immer unter Wasser zu halten. Das kostet viel Energie und zwingt Sie, immer aufzupassen, dass der Ball nicht an die Wasseroberfläche kommt. Es wäre viel einfacher, den Ball an die Oberfläche zu holen, damit zu spielen. Jeder kann den Ball sehen, weiß, wie es ist, solche Emotionen zu haben, weil wirklich jeder sie kennt. Jeder weiß, dass mit Scham und Schuld zu leben nicht immer ganz einfach ist. Doch nur wenn Scham und Schuld zu sehen sind, können uns andere durch kleine Gesten oder Worte von empfundener Schuld oder Scham befreien, uns also zeitweise den Ball abnehmen. Wenn Sie mit dem Ball spielen, sind Sie freier, als wenn Sie versuchen, immer die Kontrolle über den Ball zu behalten.

Da Sie nun wissen, dass Schuld- und Schamgefühle nicht nur für das Miteinander wichtig sind, sondern auch für die persönliche Weiterentwicklung: Wollen Sie Ihren Ball an die Wasseroberfläche holen?

Lassen Sie uns noch mal zu der ersten Übung zurückkehren:

Versuchen Sie, Ihre Notizen zu den Themen Scham und Schuld (S. 13) zu ergänzen. Sind neue Ideen oder Gedanken dazugekommen?

Doch bevor Sie Ihre persönlichen Themen unter die Lupe nehmen, lassen Sie uns noch schauen, was Psychologie, Theologie und Soziologie über die Emotionen Scham und Schuld wissen – dann fällt die Einordnung der eigenen Probleme leichter.

Unterschiede zwischen Scham und Schuld

Obwohl Scham und Schuld ziemlich viel gemeinsam haben, sind es doch zwei verschiedene Emotionen. Scham und Schuld zu unterscheiden, ist jedoch gar nicht so einfach, auch weil die Emotionen mit zunehmendem Alter immer komplexer werden und häufiger zusammen auftreten (vgl. das Kapitel »Scham- und Schulderleben«). Aufgrund der vielen verschiedenen Erscheinungsformen sprechen wir daher auch lieber von Scham- und Schulderleben.

Den wichtigen Unterschied zwischen Person und Verhalten machen

Oft verwenden wir als Erwachsene die Formulierung »Ich schäme mich«, wenn es eigentlich um Schuld geht, oder »Ich fühle mich schuldig, wieso habe ich das bloß getan?«, wenn es um Scham geht. Wenn Sie ganz genau hinsehen und über zwei, drei Ecken denken, erkennen Sie bereits in der Sprache einen wichtigen Unterschied.

»Ich schäme mich« bezieht sich auf uns als gesamte Person. Ich als Person bin so nicht okay oder nicht gut genug.

Schuld bezieht sich hingegen auf unser Verhalten oder eben nicht gezeigtes Verhalten.

Dieser wichtige Unterschied wird seit den Siebzigerjahren in der Fachliteratur gemacht (LEWIS 1971) und ist nicht so kompliziert, wie es zunächst erscheinen mag. Schuld erlebe ich immer dann, wenn ich nicht korrekt gehandelt oder etwas unterlassen habe, das ich hätte tun sollen. Es geht um ein konkretes Verhalten, das infrage gestellt wird, nicht um meine Person als Ganzes. Mit Handlungen und Verhalten sind auch Äußerungen gemeint.

Zwei kleine Beispiele aus dem Alltag sollen Schulderleben verdeutlichen.

BEISPIEL Frau A. ist mit einer Freundin verabredet. Sie kommt zu spät und lässt ihre Freundin warten. Ihre Freundin ist verärgert. Frau A. kommt zum vereinbarten Treffen und entschuldigt sich. An diesem Tag sei alles »schiefgegangen«: Sie hätte den Bus verpasst und das Handy vergessen. Es täte ihr leid, dass ihre Freundin auf sie warten musste. Für die Freundin von Frau A. ist diese Entschuldigung ganz wichtig, denn so kann sie erkennen, dass Frau A. sehr wohl bewusst ist, dass ein »Schaden«, nämlich Zeitverlust und Ärger durch ihr Zuspätkommen entstanden ist. Die Entschuldigung signalisiert ihr, dass es Frau A. zum einen leidtut, dass sie so spät ist, und zum anderen, dass sie sehr wohl weiß, dass ihrer Freundin Pünktlichkeit wichtig ist und dass es im Falle einer Verspätung üblich ist, sich kurz zu melden. ×

BEISPIEL Herr B. wohnt in einem Mehrfamilienhaus neben einer sehr alten Dame. Wann immer sich die Gelegenheit ergab, unterstützte Herr B. seine Nachbarin. So trug er gelegentlich deren Einkauf mit nach oben oder den Müll mit in den Müllraum. Aufgrund akuter Rückenprobleme kann Herr B. seiner Nachbarin seit ein paar Tagen den Einkauf nicht abnehmen. Obwohl Herr B. wirklich gute Gründe hat, warum er nicht wie gewohnt bei seiner Nachbarin klingelt, um ihr seine Hilfe anzubieten, fühlt er sich schuldig. ×

Das letzte Beispiel zeigt, wie fließend die Grenzen zwischen Schuld- und Schamerleben sind.
Herr B. hat ein Selbstbild von sich – nämlich hilfsbereit zu sein –, dem er im Moment nicht entsprechen kann. Das kann auch Scham auslösen. Ganz schlimm wäre es allerdings, wenn Herrn B. durch diese kleine Begebenheit gleich seine gesamte Person infrage gestellt sehen würde.

Mit ein bisschen Abstand lässt sich gut erkennen, dass diese Reaktion zu heftig wäre. Aber den Abstand haben Menschen meist nicht, wenn es um das eigene emotionale Erleben geht. Bei Schuld gelingt es uns leichter, nur die Situation zu sehen. Wir können abwägen, die Perspektiven wechseln, uns auch mal bei uns selbst entschuldigen. Wenn wir fürchten, einem anderen Schaden zugefügt zu haben, versuchen wir, unsere ursprünglichen Absichten zu verdeutlichen. Scham entsteht dagegen, wenn wir uns immer wieder infrage stellen oder unserem erwünschten Selbstbild nicht genügen. »Wir« erscheinen uns selbst in dem Moment als inakzeptabel und kommen gar nicht auf die Idee, nach Entschuldigungen oder guten Absichten zu suchen. Scham geht mit weniger und nicht so differenzierten Gedanken einher und diese kreisen fast ausschließlich um Defizite der eigenen Person.

Wenn Scham sehr intensiv und quälend ist, beschämen wir uns oft selbst durch eigene abwertende Gedanken. Wir neigen in den Momenten dazu, besonders streng und kritisch mit uns zu sein. Leider verschwenden wir dabei so viele gedankliche Kapazitäten, dass es uns kaum noch möglich ist, die tatsächlichen Probleme zu erkennen oder gar zu lösen. Durch unsere kritischen Gedanken distanzieren wir uns schlicht von uns selbst. Einsamkeits- und Isolationserleben sind typische Folgen.

Lernen Sie, Scham und Schuld anhand der typischen Gedanken zu unterscheiden. Erinnern Sie sich an eine Situation, in der Sie Scham und/oder Schuld erlebt haben. Identifizieren Sie nun Ihre typischen Gedanken. Sie können daraus ableiten, ob es sich eher um Scham oder Schuld handelt.

Welche Situationen, in denen Scham oder Schuld entstanden sind, fallen Ihnen konkret ein? Beschreiben Sie kurz die Situationen.

Situationsbeschreibung	Typische Gedanken: Beziehen sich diese auf mich als Person oder auf mein Verhalten?	Um welche Emotion handelt es sich wahrscheinlich? Um Scham oder um Schuld?

Im Alltag können wir beobachten, dass unterschiedliche Personen in ähnlichen Situationen entweder mit Scham oder mit Schuld reagieren. Eine Ursache für die unterschiedliche emotionale Reaktion lässt sich oft im Selbstwerterleben der Menschen finden. Wer sich grundsätzlich akzeptiert und einen stabilen Selbstwert hat, entwickelt tendenziell eher Schuldgefühle. Ist das Selbstwerterleben jedoch wackelig und unbeständig, können kleinste Auslöser dazu führen, dass man sich selbst noch stärker infrage stellt und darüber Scham entstehen kann.

Entscheidend ist ferner die Art und Weise, wie man an nicht eingetretene Ereignisse oder Optionen denkt. Charakteristisch für den Umgang mit verpassten Möglichkeiten ist die Frage »Was wäre wenn …«. Zwei Beispiele sollen dieses sogenannte kontrafaktische Denken verdeutlichen.

BEISPIEL Den geplanten Zug zu verpassen, kann im ersten Moment Ärger auslösen. »Wäre ich doch etwas früher aufgestanden, dann hätte ich den Zug noch erwischt!« Steht aber der Freund, der uns vom Zug abholen wollte, im Stau oder hat er eine Autopanne, ist es okay, den Zug verpasst zu haben. Vielleicht kommt sogar ein bisschen Erleichterung auf, nicht an einem fremden Ort lange warten zu müssen. ×

BEISPIEL Ein Konfliktgespräch mit einer Kollegin führt dazu, dass diese sich zurückhaltender und weniger kooperativ verhält. Es ist geradezu menschlich, darüber nachzudenken, ob es sinnvoll gewesen wäre, bestimmte Dinge anders zu sagen oder anders zu betonen. Jeder wünscht sich ein gutes Arbeitsklima.

Das Nachdenken darüber, was vielleicht am Verhalten der Kollegin nun anders wäre, wenn man selbst beispielsweise weniger auf seinem Standpunkt beharrt hätte oder ihr weniger Vorwürfe gemacht hätte, kann in solch einem Fall zukünftig sogar sinnvoll sein. ×

Kontrafaktisches Denken kann Schuld bewusst machen und helfen, sich zu entschuldigen, Reue zu zeigen oder etwas wiedergutzumachen. Manchmal verursacht es aber auch Scham und Schuld an Stellen, an denen man sich, sein Verhalten oder die anderen Optionen zu sehr hinterfragt.

Den Ausgangspunkt für die Frage, »was wäre wenn …« stellt dabei immer der tatsächliche Ausgang dar. Würde sich die Kollegin unauffällig verhalten, gäbe es vielleicht gar keinen Anlass, über einen anderen Verlauf des Gespräches nachzudenken. Es sei denn, man selbst ist mit sich unzufrieden, weil man eigene Bedürfnisse oder Dinge, die einem persönlich wichtig sind, nicht angesprochen hat. Manchmal hat man auch schon andere Überlegungen und Optionen im Kopf und vergleicht dann den realen Ausgang mit diesen potenziellen Möglichkeiten (Roese 2007).

Manche Menschen denken zu viel darüber nach, »was wäre wenn …«. Sie fühlen sich für fast alles verantwortlich. Dabei entstehen häufig Schuld- und Schamgefühle, die nicht notwendig sind.

Natürlich hilft es, ab und zu über Ereignisse und andere Optionen nachzudenken, sich gegebenenfalls zu entschuldigen, vielleicht auch neue Erkenntnisse zu erlangen oder sich weiterzuentwickeln (Roese 2007). Aber nicht immer ist Denken hilfreich, es verursacht auch häufig emotionale Probleme.

Entdecken Sie kontrafaktisches Denken bei sich: Wann haben Sie das letzte Mal über sich und Ihr Verhalten nachgedacht? Beschreiben Sie kurz die Situation.

Auf welche Art und Weise haben Sie das getan? Grüblerisch, wohlwollend, unzufrieden, etc.

Haben Sie sich Alternativen für Ihr Verhalten überlegt? Wenn ja, welche?

Hätten Sie gern im Nachhinein anders gehandelt?

Welche Gründe gab es, weshalb Sie sich so verhalten haben, wie Sie es getan haben?

Weshalb denken Sie jetzt darüber nach?

Was verändert sich durch das Nachdenken?

Positiv

Negativ

Was nehmen Sie tatsächlich an Erkenntnissen mit?

Sind diese wirklich hilfreich?

Wie wollen Sie die neuen Erkenntnisse im Alltag umsetzen?

Beschreiben Sie kurz eine mögliche Situation, in der Sie die neuen Erkenntnisse einsetzen wollen.

Es gibt viele kleine andere Hinweise, die es erlauben, Scham und Schuld besser voneinander zu unterscheiden.

Scham wird von den meisten Menschen als unangenehmer erlebt und kann eine lähmende Blockade auslösen oder einen quälenden inneren Rückzug einleiten. Sowohl die Blockade als auch der Rückzug führen dazu, dass man im Schamerleben mit sich und den eigenen Selbstzweifeln alleine ist. Das Grübeln über sich als gesamte Person kann einen sehr destruktiven Charakter annehmen und sich nach außen zum Beispiel in Selbsthass oder Ärger und Wut zeigen.

Typischerweise senkt sich der Blick, Gesichtsröte steigt auf und man möchte im Erdboden versinken, irgendwie aus der Situation fliehen, unsichtbar sein oder sich wenigstens verstecken. All das macht Sinn, denn die meisten Menschen schützen sich mit diesem Impuls vor möglichen weiteren Beschämungen.

BEISPIEL Herr B. versucht trotz seiner Rückenbeschwerden, schnell die eigene Wohnung zu erreichen. Er möchte nicht von seiner Nachbarin als unaufmerksam wahrgenommen werden, denn diese weiß ja nicht um seine körperliche Verfassung. ×

Schuld dagegen wird als aktivierend wahrgenommen. So entsteht der Impuls, sich zu entschuldigen, kleine Wiedergutmachungen zu leisten oder Reue gegenüber anderen zu bekennen.

Eigene Schuld und den entstandenen Schaden anzuerkennen, hat zudem spannende Nebeneffekte. Zum einen ist die Reaktion des »Geschädigten« deutlich abgemildert. Zum anderen wird die Intensität des eigenen Schuldgefühls automatisch geringer, indem darüber gesprochen wird. Wir entlasten uns selbst. Ein wichtiger Mechanismus, den manche Menschen mit quälendem Schulderleben nicht erfahren können, da sie meist für sich alleine im stillen Kämmerlein grübeln.

BEISPIEL Der Ärger der Freundin ist schnell verflogen, als sie hört, dass Frau A. durchaus gewillt war, pünktlich zu kommen. Frau A. ist erleichtert, dass ihre Freundin die Entschuldigung akzeptiert und ihr nichts nachträgt. ×

Welche Impulse spüren Sie, wenn Sie sich an die Situationen erinnern, die Sie auf S. 23 aufgeschrieben haben?

Innerer Rückzug oder Blockade? → Scham

Aktivierung, sich entschuldigen wollen, Reue bekunden, Wiedergutmachungen? → Schuld

Der Körper sendet Signale

Jede Emotion spüren wir auch im Körper. Mit ein bisschen Übung lernen wir mithilfe unseres Körpers, Scham und Schuld zu unterscheiden.

Der Körper hilft uns, Emotionen einzuordnen und angemessen zu reagieren.

Im Falle von Schuld ist das eben die berühmte Entschuldigung. Dafür unterstützt uns der Körper, in dem dieser allgemein etwas mehr aktiviert ist. Sensible Menschen spüren eine schnellere Atmung, der darüber aufgenommene Sauerstoff ist ein guter Energielieferant. Die leichte Beschleunigung des Pulses und ein bisschen Herzklopfen signalisieren uns, dass das Blut nun den Sauerstoff aufnimmt und zu den Muskeln transportiert. So können wir dem Gegenüber die versöhnende Hand hinstrecken.

Bei Scham läuft ein etwas anderes Programm ab. Jeder von uns kennt die Gesichtsröte, die aufsteigt. Manche Menschen werden auch starr und blass im Gesicht. Die Schultermuskulatur verliert an Spannung, der Blick senkt sich zum Boden. Unser Körper tut alles, um uns eine kurze Pause zu ermöglichen. In dieser gilt es, kurz über uns nachzudenken und zu schauen, ob wir uns entsprechend unseres Selbstbildes verhalten haben. Jeder von uns kennt das: »Ich bin eigentlich ganz anders, ich weiß auch nicht, weshalb ich mich so anders gezeigt habe«, »Ich schäme mich richtig über mich und über meinen Wutausbruch«.

Die als Blockade wahrgenommene Reaktion führt auch dazu, dass wir kaum noch Reize von außen wahrnehmen. Eine wohlwollende Reaktion des Gegenübers erreicht uns in dem »In-sich-gekehrt-Sein« fast gar nicht. Bereits Martin Luther fand für diese Reaktion einen sehr plastischen Ausdruck: homo incurvatus in se ipsum – der in sich selbst verkrümmte Mensch. Menschen ändern sich also über Jahrhunderte nicht so sehr, was vielleicht auch tröstlich ist.

Notieren Sie sich Ihre typischen Körpersignale. Befragen Sie auch Personen aus Ihrem Umfeld, was diese bei Ihnen beobachten. Trauen Sie sich ruhig, denn jeder kennt Scham und Schuld.

Meine typischen Körpersignale für Scham	Meine typischen Körpersignale für Schuld

Gerade weil Scham und Schuld soziale Emotionen sind, lösen beide Emotionen auch unterschiedliche Dinge in anderen Menschen aus. Jeder kennt die Situation, dass Ärger, Unzufriedenheit oder gar Wut entsteht, wenn Schaden entstanden ist.

BEISPIEL Herr C. ist nach einem kurzen Schreckensmoment aus seinem Auto ausgestiegen. Der Knall und der anschließende Ruck, der durch sein Auto gegangen war, sind auf den Motorradfahrer zurückzuführen, der an der Ampel zu spät gebremst hatte und ihm ins Auto gefahren ist. Es ist eine Menge Blechschaden entstanden und Herr C. fährt den Motorradfahrer wütend an, ob dieser nicht aufpassen könne.

Zum Glück ist niemand zu Schaden gekommen. Doch im ersten Moment ist dieser Gedanke Herrn C. kaum zugänglich. Nur der Motorradfahrer fragt: »Ist Ihnen denn etwas passiert?« Das bringt Herrn C. noch mehr auf die Palme. Erst als der Motorradfahrer verstanden hat, dass nicht »nur« Blechschaden entstanden ist, sondern auch Ärger und Aufwand, gelingt es ihm, sich zu entschuldigen und die Übernahme der Reparatur durch seine Versicherung anzubieten.

Herr C. erinnert sich im Moment der Entschuldigung daran, dass ihm Ähnliches auch schon passiert ist. Er wird insgesamt zugänglicher und versöhnlicher. ×

Die Entschuldigung sollte sich an dem tatsächlich entstandenen Schaden orientieren. Dann ist zwischen zwei Menschen wieder Empathie möglich. Das macht eine Versöhnung wahrscheinlicher und festigt bei nahestehenden Menschen sogar die Beziehung.

Und wie verhält es sich bei Scham? Bei einer positiven, wohlwollenden Beziehung zur anderen Person ist es leicht, dieser Mitleid oder Mitgefühl entgegenzubringen, wenn sie sich schämt. Dass unser Gegenüber sich schämt, erkennen wir an dem kurzfristigen Kontaktabbruch, dessen Gesichtsausdruck oder Röte, dem gesenkten Blick. Oft können wir ein bisschen von der Scham des Gegenübers mitfühlen. Scham ist ansteckend. Das ermutigt uns, wohlwollende und mitfühlende Gesten zu zeigen. Die Grundlage dafür ist jedoch, dass wir das Gegenüber sympathisch finden.

Ist uns das Gegenüber weniger sympathisch oder haben wir kaum Verständnis für dessen Person und Verhalten, kann dessen Schamerleben sogar Schadenfreude oder Befriedigung bei uns auslösen. Ein ähnliches Phänomen stellt sich manchmal ein, wenn wir in Talk- oder Realityshows die Bloßstellung von Teilnehmern beobachten und erleben. Wir schämen uns fremd oder haben gar Schadenfreude beim Zusehen.

In Schammomenten erleben wir soziale Situationen auch mal als überfordernd. Wir sind einfach mit uns beschäftigt. Mitleid oder Mitgefühl annehmen zu können, hilft, um aus unserem Schamgefühl herauszukommen. Eine Hürde, die es zu nehmen gilt, auch wenn aufgrund der Überforderung erst einmal Verwirrung entstanden ist.

Nutzt man die konstruktiven Aspekte innerhalb des Rückzugs, können auch angenehme Emotionen wie Ehre, Freude und Stolz entstehen. In den Phasen der Ruhe kann man sich Gedanken über mögliche und notwendige Veränderungen machen. Wir schützen auf diese Weise unsere Grenzen und signalisieren, dass wir eine moralische Gesinnung haben. In den Momenten der Entschuldigung erkennen wir die Regeln, Werte und Normen unserer Gemeinschaft sichtbar an. Wir zeigen dem Gegenüber: »Du bist mir wichtig.«

Im inneren Rückzug vergegenwärtigen wir uns noch mal unsere eigene Person. Können wir in der Gemeinschaft standhalten oder ist es wichtig, sich weiterzuentwickeln? Gute Vorsätze und die Motivation, unsere Persönlichkeit weiterzuentwickeln, gehen also auch mit Scham- und Schulderleben einher.

Welche guten Seiten von Scham und Schuld sind für Sie persönlich wichtig? Hier haben Sie Platz für Ihre Notizen.

Die guten Seiten von Scham	Die guten Seiten von Schuld

Es gibt einige Unterschiede zwischen Männern und Frauen, wie Studien aufzeigen konnten. Frauen werden eher dazu erzogen, die soziale Gemeinschaft im Blick zu behalten. Sie erleben vermutlich deshalb häufiger Scham als Männer, wenn ihnen das gelegentlich nicht gelingt oder sie sich selbst in den Mittelpunkt stellen. Frauen schämen sich häufiger für empfundenen und gezeigten Ärger oder Wut. Männer reagieren nach außen in Schammomenten eher aggressiv, feindselig oder misstrauisch. Frauen erleben vor dem Hintergrund des Gemeinschaftsgefühls häufiger Schuld aus der Verantwortung für andere heraus; je enger die Bindung, desto größer das Schuldgefühl. Schuldgefühle bei Trennungen sind typisch dafür. Statt sich um sich zu kümmern – denn eine Trennung hinterlässt natürlich bei jedem Spuren –, machen sich manche Menschen Sorgen um den nun ehemaligen Partner.

In jungen Jahren haben Männer weniger Schuldempfinden. Werden Männer älter und leben diese in Beziehungen, entwickeln sie mehr Schuldgefühle. Schuld zu empfinden, kann man also in jedem Alter noch lernen. Männer erfahren aufgrund ihrer Erziehung dafür häufiger Schuld, wenn sie von ihnen erwartete Leistungen nicht erreichen oder die Familie nicht ausreichend versorgen können.

■■ Soziale Prägungen von Scham und Schuld

Insbesondere die erwachsenen Formen von Scham und Schuld sind komplexe emotionale Reaktionen. Woran liegt das? Je älter wir werden, umso mehr familiäre, kulturelle, gesellschaftliche und religiöse Regeln, Werte und Erfahrungen prägen die individuelle Reaktion der Scham und Schuld. Das heißt auch, bei Kindern haben wir es mit der einfachen, von Natur aus angelegten emotionalen Ausprägung zu tun. Diese kann durchaus emotional sehr intensiv sein, komplex wird es durch die vielen Gedanken, verinnerlichten Werte im Umgang mit sozialen Bindungen. Beginnen wir mit den Anfängen unserer sozialen Prägung.

Die Familie

Das kleinste soziale System, in das wir geboren werden, ist die Familie. Diese kann wirklich sehr klein sein und erst einmal nur aus Mutter, Vater oder einer anderen Bezugsperson bestehen. Aber früher oder später kommen noch Geschwister, Großeltern, Onkel und Tanten, Cousinen und viele andere Personen dazu. Jede Familie hat ihre eigenen Regeln und definiert darüber ihre Grenzen. Innerhalb dieser Grenzen kann ein Kind sich aufgehoben und geborgen fühlen. Es darf einfach nur sein.

Genauso hat jede Familie ihre eigenen Themen. In einigen Familien ist es wichtig, den guten Schein nach außen zu wahren und beispielsweise ohne Schuld durchs Leben zu gehen. Kinder dieser Familien verinnerlichen Regeln besonders stark, weil »Schuld zu haben« etwas ganz Schlimmes bedeuten kann.

Scham und Beschämung kann ebenso ein Familienthema sein. Das ist zum Beispiel dann der Fall, wenn frühere Familienmitglieder sich aus heutiger Sicht in einem politischen System falsch positioniert haben, einzelne Personen der Staatssicherheit in der früheren DDR angehört und gar Familienmitglieder verraten haben oder Nazis waren. Genauso schlimm kann es für manche religiöse Familien sein, einen Selbstmörder in ihren Reihen zu haben. Auch das Vorhandensein psychischer Erkrankung in der Familiengenealogie kann zu einem Tabu werden bzw. so wahrgenommen werden.

Mögliche Veränderungen durch ein neues soziales Umfeld

Diese familiären Einstellungen können sich ändern, wenn wir neue Werte, Normen und Regeln fürs Miteinander dazulernen. Im Kindergarten gibt es andere Rahmenbedingungen, genau wie in der Schule, in der Arbeitswelt und in der eigenen gegründeten Familie. Manche familiäre Orientierungen behalten wir bei, andere werfen wir über Bord, weil diese weniger sinnvoll oder unterstützend erscheinen. Genauso können Freunde und der neue Lebenspartner uns anregen, sich mit den familiär verinnerlichten Normen auseinanderzusetzen.

Welche Wege Scham und Schuld innerhalb von Familien nehmen können, sehen Sie in der nachfolgenden Übersicht.

Mögliche familiäre Übertragungswege von Scham und Schuld

	Kurze Erläuterung	Für Scham	Für Schuld
Modelllernen	Bezeichnet das »Abschauen« und »Imitieren« des Erlebens und Verhaltens der Eltern, ihrer emotionalen Reaktionen und Erlebnisweisen	**E**ltern schämen sich schnell wegen Kleinigkeiten **E**ltern versuchen, Scham zu verhindern **E**lternteil ist alkoholabhängig und versucht, dies zu verbergen **F**amilienmitglied schämt sich für Vergangenheit oder Erfahrungen wie z. B. Traumatisierungen in der Kindheit	**V**ersuche, Schuld generell zu vermeiden **U**nbedingte Regel- und Normorientierung – keine Ausnahmen machen **H**äufiges Bußetun in streng religiösen Familien **S**tatt Absichten zu erfragen schnell das Verhalten verurteilen **S**ich vorschnell bei anderen entschuldigen **Ü**bermäßige Verantwortungsübernahme für andere Menschen und deren Wohlergehen
Interaktions- und Kommunikationsmuster	Beschreibt, wie sich Familienmitglieder untereinander begegnen, über was und auf welche Art sie kommunizieren	**A**bwertende, respektlose Kommunikation der Eltern untereinander **D**ie Person als Gesamtes infrage stellen **B**loßstellen von Schwächen vor anderen, z. B. Gewicht, Intellektualität **E**inteilung von Menschen in grundsätzlich gut oder schlecht	**V**orwürfe machende und Schuld zuweisende Kommunikation **H**äufiges Aufmerksammachen auf Fehlverhalten und Regelverletzungen **V**erantwortung wegschieben und immer andere für eigenes Fehlverhalten verantwortlich machen **D**rohen mit der Zukunft: »Wenn du dich darum nicht kümmerst, wirst du schon sehen, was passiert« **K**onflikte und eigene Bedürfnisse einfordern vermeiden
Erzieherische Maßnahmen	Gezielte einzelne Aktionen, wenn Kinder oder andere Familienmitglieder bestimmte Verhaltensweisen zeigen	**L**iebesentzug **L**anges Schweigen und Ignorieren, wenn z. B. Fehler gemacht werden **G**renzüberschreitungen – Tagebuch lesen, ins Badezimmer platzen **D**emütigungen **M**achtdemonstrationen	**B**estrafungen bei Fehlverhalten **W**iedergutmachungen, Entschuldigungen und Reue einfordern **E**motionale Erpressungen – Eltern reagieren »traurig«, »enttäuscht«

Platz für Ihre persönlichen Notizen

Wir können unsere familiären Prägungen nicht einfach abschütteln, schließlich sind sie über viele Jahre entstanden.

Wie wir in unserem familiären System aufgenommen werden, welche Erfahrungen wir dort von Geborgenheit, Sicherheit und Zugehörigkeit machen können, zählt. Wie viel Sicherheit und Verlässlichkeit wir im ersten Lebensjahr erfahren haben, prägt unser späteres Sicherheitsgefühl in sozialen Bindungen. Diese Prägungen tragen entscheidend dazu bei, ob wir eine Neigung, mit Scham oder Schuld zu reagieren, entwickeln.

Als Kind sind wir darauf angewiesen, zu einer Familie dazuzugehören, von dieser versorgt und beschützt zu werden. Prägungen aus der ersten Lebensphase sind hartnäckig und zeigen sich später auch in der Art und Weise der Kontaktgestaltung außerhalb der Familie. Habe ich Vertrauen in andere Menschen, weiß ich, dass diese mich willkommen heißen, unterstützen, habe ich vermutlich gute Erfahrungen mit der Familie gemacht. Natürlich gibt es auch weniger gute Erfahrungen, dazu gehören wenig verlässliche und emotional versorgende Bezugspersonen, auch Eltern, die zu hohe und unrealistische Erwartungen haben. Aus diesen ungünstigen Erfahrungen kann sich quälend unangenehmes Scham- und Schulderleben entwickeln. Das ist zum Beispiel der Fall, wenn das Kind den Eindruck vermittelt bekommt, »nicht ausreichend zu sein«, »das falsche Geschlecht zu haben«, »nicht liebenswert zu sein«, »falsch zu sein« oder schlicht »anders zu sein« und nicht dazuzugehören.

Eltern können diese Eindrücke ganz subtil prägen. Sind es am Anfang das Nichtreagieren (-können) auf das Schreien des eigenen Kindes oder gar abweisende, überforderte Blicke und die kalte Stimme der nahen Bezugspersonen, kommen später verbale Äußerungen wie »Schäm dich« oder »Du bist schuld« hinzu, die dem Kind vermitteln, falsch zu sein oder gar falsch zu handeln. Manche Eltern signalisieren dem heranwachsenden Kind gar, dass ihre eigenen Wünsche an das Leben unerfüllt geblieben sind, weil die Mutter schwanger geworden ist. Ein Kind kann vor diesem Hintergrund das Gefühl einer sogenannten Bringschuld entwickeln und sich ein Leben lang dafür verantwortlich fühlen, dass es Mutter und/oder Vater gut geht.

Neben all den Rahmenbedingungen, die wir verinnerlichen, die uns helfen sollen, uns ins Familiensystem zu integrieren, uns zugehörig und geschützt zu erleben, gibt es noch andere elementare Erfahrungen, die uns prägen. Eine der bedeutsamsten ist die Fähigkeit der Eltern und nahen Bezugspersonen, mit Emotionen umzugehen.

Können Eltern Emotionen?

Ein Vater, der sich vor Schuld ängstigt, zeigt, dass er mit Schuld nicht umgehen kann. Eine Mutter, die selbst Angst vor Schuld oder Scham hat, zeigt mit ihrer Angst, dass ihr Strategien im Umgang mit diesen Emotionen fehlen. Dem Kleinkind fehlt ein gutes Modell dafür, wie man mit Scham und Schuld oder überhaupt Emotionen richtig umgehen kann. Es wird vermutlich selbst Angst vor Scham und Schuld entwickeln und beide Emotionen möglichst vermeiden. So werden Scham und Schuld dann Emotionen, die wir auch als Erwachsene noch als überflutend wahrnehmen, weil wir ihnen nichts entgegensetzen können. Wir sind sozusagen emotional mit unseren Strategien noch im Säuglings- oder Kleinkindalter gefangen. Es fehlen wichtige Umgangsformen oder Strategien, um mit Emotionen wie Scham und Schuld zurechtzukommen.

Natürlich beeinflussen auch die eigenen frühen familiären Erfahrungen der nahen Bezugspersonen, wie Eltern mit Emotionen umgehen. Ebenso können auch Erkrankungen oder andere ungünstige Faktoren Wirkung zeigen. Eine Mutter, die körperlich schwer erkrankt ist, neigt vielleicht schneller zu Überforderungserleben und bringt ihrem Kind zu intensive Emotionen entgegen. Genauso kann eine Mutter bei der Geburt verstorben sein und den Vater hilflos zurücklassen. Mehr dazu können Sie im Kapitel »Der Einfluss von frühkindlichen Erfahrungen« lesen.

Kulturelle und gesellschaftliche Einflüsse

Natürlich haben auch die Kultur, die besonderen gesellschaftlichen Regeln, Werte und Normen sowie die landestypischen Begebenheiten, unter denen Menschen aufgewachsen sind, einen entscheidenden Einfluss auf die Emotionen Schuld und Scham. In früheren Veröffentlichungen beschrieb

Ruth BENEDICT (1955, 2006) Schuld- und Schamkulturen. Auch heute noch wird die umstrittene Einteilung immer wieder aufgegriffen. Demnach sollen Schuldkulturen, wie zum Beispiel Großbritannien und Amerika, durch äußere Kontrolle die Gesellschaft prägen. Schamkulturen, dazu gehört als bekanntestes Beispiel Japan, sichern die Einhaltung von Normen und Regeln durch öffentliche Kritik und Bloßstellung.

Populärer sind jedoch die Überlegungen von HAN und SHAVITT (1994), Gesellschaften in individualistische oder kollektivistische Kulturen einzuteilen. Zu den individualistischen Kulturen gehört die unsrige. Schuld oder Scham entsteht hier als Resultat von Fehlverhalten, zum Beispiel durch Überschreitung von Gesetzen. In kollektivistischen Kulturen, wie beispielsweise in einigen asiatischen Ländern oder religiösen Gemeinschaften, werden Schuld und Scham typischerweise durch die Gemeinschaft bestimmt.

Kulturelle Werte und Normen sind ebenfalls beständig, können sich jedoch als Folge gesellschaftlicher Ereignisse wie zum Beispiel Krieg und Verfolgung verändern. Gewinnen Sie für sich einen Überblick, welche Werte und Normen Ihren Alltag bestimmen.

Welche gesellschaftlichen Werte, Gesetze und Normen sind Ihnen wichtig?

Wem gegenüber entwickeln Sie Schuld oder Scham, wenn Sie Normen, Gesetze oder Regeln nicht beachten?

Empfundene Scham geht zunächst mit dem Wunsch einher, sich zurückzuhalten und zu verbergen. Ist der eigene Wert infrage gestellt, droht ein Ansehensverlust der eigenen Person, so können der Rückzug und die innere Blockade einen wichtigen Schutzmechanismus darstellen. Allerdings sträubt die Scham sich nicht prinzipiell gegen das Bewusstwerden. Vermutlich entwickeln wir deshalb die von außen gut erkennbaren körperlichen Besonderheiten wie zum Beispiel den roten Kopf, den gesenkten Blick und hängende Schultern. Das so ungeschützt zutage tretende Verlegene, das beschämt Abgelehnte, kann sich zunächst scheinbar nicht gegen den Blick des Ichs, der Mitmenschen und der Gemeinschaft zur Wehr setzen. Scham als Emotion ist aber dennoch präsent und spürbar.

Gesellschaftlich betrachtet erscheint Scham funktional und sozial. Sie gilt als Wegweiser für die Angst vor allgemeinen Bewertungen in sozialen Kontexten.

Für das Individuum ist Scham daher überlebenswichtig. Lassen Sie uns einen kurzen Ausflug in die frühen Anfänge psychologischer Betrachtungen machen. Nach Sigmund Freud und Alfred Adler befördert ein natürliches Minderwertigkeitsgefühl durchaus die Identitäts- und Autonomieentwicklung. Gleichzeitig kann die starke Bezogenheit auf die Mitmenschen, verbunden mit dem Gebot der Nächstenliebe und geforderten Mitmenschlichkeit aber auch in Konflikt mit der eigenen Individualität und Autonomieentwicklung kommen. Wird der Versuch unternommen, Scham zu vermeiden, entstehen sogenannte Stellvertretergefühle wie Wut und Ärger oder auch psychische Symptome wie Ängste und Zwänge. Chronische Krankheitsverläufe und vergebliche Selbsthilfeversuche sind nicht selten die Folgen unverarbeiteter Schamwahrnehmung.

Scham gehört in vielen Kulturen zum menschlichen Wesen, so wie das menschliche Selbstbewusstsein beispielsweise auch in seiner allgemeinen Geschlechtlichkeit verankert ist. Noch heute wird für die unteren weiblichen Geschlechtsteile der Begriff der »Scham« umgangssprachlich genutzt. Die Geschlechtlichkeit wurde lange mit dem Begriff der Scham verknüpft. Da die menschliche Integrität immer wieder im Alltag bedroht wird, will das Empfinden von Scham Situationen vorbeugen, welche jene bedrohen. Scham schützt damit auf besondere Weise die verletzbare Einheit – die nackte Blöße – vor Blicken, die dem Individuum nicht guttun. Allerdings lässt nicht die Nacktheit als solche das Schamgefühl entstehen, sondern die dem Blick ausgelieferte Blöße an sich, die sich nicht gegen die Blicke der anderen zur Wehr setzen kann. Die scheinbare Schamlosigkeit mancher unbekleideter Naturvölker zeigt, dass die Schambarrieren so hoch liegen können, dass Nacktheit sozial folgenlos bleiben kann.

Scham ist eng mit Angst verbunden und zeigt sich, sobald die Integrität des Selbst und der eigenen Körperlichkeit bedroht sind.

Daneben gibt es eine Form geistiger Scham, welche die menschliche Integrität schützen und vor dem zerstörerischen Blick von außen bewahren möchte. Urheberrechtsfragen in der Literatur- und Musikbranche sind dazuzuzählen. Darüber hinaus existiert eine Theorie des Sich-Schämens-für-Andere, heute gerne als »Fremdschämen« bezeichnet, wie wir bereits zu Beginn des Buches kurz andeuteten. Menschen können sich empathisch mitfühlend in die Lage anderer mit ihren fehlerhaften Taten hineinversetzen und sich stellvertretend für jene schämen. Erwähnt werden soll an dieser Stelle auch eine kulturelle Scham über die als beschämend erfahrene Gruppenzugehörigkeit in Form kollektiver Scham. Scham z. B. über das Verhalten der eigenen Familie in der Zeit des Nationalsozialismus wird hier geteilt und gehört zum Beispiel zum Allgemeinbewusstsein einer Generation – wie den »68ern«.

Kulturelle Aspekte von Schuld

Empfundene Schuld stellt eine Selbstverständlichkeit menschlichen Lebens dar. Das wird gerne übersehen.

In der Alltagssprache kann der Begriff Schuld ethisch verschiedenartig gebraucht werden: »schuld sein an« bzw. »Schuld haben an« kann sowohl eine positive wie negative Bedeutung haben. »Positiv« betrachtet bedeutet ein »Schuldigsein« die Verpflichtung zu einer Dankerwiderung oder einer besonderen Gegenleistung. »Negativ« betrachtet wird es mit der Verschuldung eines Übels, der Verletzung einer Pflicht oder eines Rechtsanspruchs verknüpft und zieht Selbstvorwürfe sowie den Wunsch nach Wiedergutmachung und Schadenersatz nach sich, wird aber dennoch gerne verdrängt.

Das Empfinden von Schuld ist bei manchen Menschen zu einer Art Tabu geworden, welches in den verschwiegenen Zimmern psychotherapeutischer Arbeit vereinzelt zur Sprache kommt und nicht selten auch auf Therapeutenseite zu spürbarer Unsicherheit führt. Innerhalb der Gesellschaft lassen sich auch interessante Beobachtungen machen. Es existieren im politisch-öffentlichen Raum vielfach schuld- und schaminduzierende Kommunikationsmuster, welche zur Selbstrechtfertigung und Fremdanklage verleiten oder Stolz und Würde betonen. Der politische Wahlkampf einzelner Parteien oder Positionsanwärter im In- und Ausland bietet ausreichende Beobachtungsmöglichkeiten.

Scham und Schuld zeigen sich überall im Alltag auf allen Ebenen. Erkennbar werden beispielsweise die juristisch und ethisch bis in die Gegenwart hineinreichenden Versuche, die Schuld zweier totalitärer Staatssysteme in der deutschen Geschichte aufzuarbeiten. Auch hierin zeigt sich die Aktualität von Scham und Schuld und die Einstellung einer Gesellschaft zur Thematik an sich. Im individuellen Kontext stellt sich hingegen die Frage: Wie frei ist ein Mensch wirklich, um Verantwortung für sein Handeln übernehmen zu können?

Die Möglichkeit zur freien Entscheidung ist Voraussetzung für die Schuldwahrnehmung an sich.

Die sich grundsätzlich stellende Frage nach der Schuldfähigkeit begleitet den psychiatrisch-psychotherapeutischen Alltag und führt immer wieder zu ethischen Konflikten. Philosophische Diskussionen erörtern dabei Aspekte der Willensfreiheit und Verantwortlichkeit des einzelnen Menschen unter Berücksichtigung verschiedener Faktoren wie zum Beispiel biologisch prägenden Grundlagen, biografischen Erfahrungen, gesellschaftlichen Rahmenbedingungen und vielem mehr.

Wenn Menschen widerrechtliche Taten zum Beispiel aufgrund psychiatrischer Erkrankungen nicht zugerechnet werden können, dann stellt sich die Frage, ob jene überhaupt zurechnungsfähig sind, wenn auch sie zu keinem anderen Handeln in der Lage gewesen sind (vgl. das Kapitel »Durch Krankheit plötzlich scham- und schuldlos«). Soll es moralische Schuld und

Verantwortung geben, muss diese Frage diskutiert und beantwortet werden. Nicht immer ist sich der einzelne Mensch seiner Schuld bewusst oder empfindet sie gar als Emotion. Dennoch kann sie zu seiner individuellen Aufgabe im Sinne zu leistender Wiedergutmachung werden. Objektive Schuld setzt zunächst einmal eine Person mit einem Übel in Beziehung. Während Strafe zwar Schuld impliziert (»keine Strafe ohne Schuld«), muss auf Schuld nicht zwingend Strafe folgen. Das eröffnet Raum für Begnadigung, juristisch betrachtet, und Vergebung, theologisch ausgedrückt.

Psychologisch interessiert oft weniger die reale Schuld als die gefühlte. In der klinisch-therapeutischen Praxis zeigt sich nach Freud vor allem die unbewusst bleibende Tendenz zur Befriedigung der eigenen Gewissensansprüche in Formen von Selbstbestrafung, Reinigungsritualen bis hin zu unbewusst motivierten Unfällen. Nach Freud sind Fehlhandlungen keine belanglosen Zufälle, sondern wichtige Botschaften des Unbewusstseins. Daraus können Rückschlüsse auf Vorgänge im unbewussten Erleben gezogen werden. Wenn man sich verhört, verspricht, verläuft, etwas vergisst, etc., können dahinter bestimmte, unbewusste Motive verborgen sein. Dieses Wissen gehört nahezu zum Allgemeingut und Sätze wie »Freud lässt grüßen« oder »Freudsche Fehlleistung« prägen auch alltägliche Kommunikationen und bringen durchaus Humor ins zwischenmenschliche Miteinander. Der Weg ins sogenannte Unbewusste kann für den Einzelnen sehr spannend sein.

Dabei kann auch eine emotionale Gemengelage aus Scham und Schuld entstehen: Ein Mensch kann sich für Handlungen zugleich schämen und sich schuldig fühlen. Erinnern Sie noch Herrn B. aus den ersten Kapiteln? Herr B., der aufgrund einer Verletzung nicht wie gewohnt den Wocheneinkäufen für seine neunzigjährige Nachbarin nachkommen, geschweige denn, diese auch noch in den fünften Stock hochtragen kann, fühlt sich gegenüber der Nachbarin schuldig, glaubt, mit seinem Versäumnis jener einen Schaden zugefügt zu haben und schämt sich zugleich wegen seiner gesundheitlichen Schwäche.

Schuld geht dabei, wie sich dann häufig zeigt, einher mit der Vorstellung von Bestrafung, der Angst vor einem Liebesentzug und der Sühne für eine offizielle Normverletzung. Auch hier versteckt sich also hinter Bestrafungsängsten zumeist Schuld. Oft sind die Befürchtungen nicht grundlos, aber doch überzogen. Dann ist therapeutische Hilfe angezeigt.

Heute mag das biblische Urbild des Alten Testaments von Adams und Evas Vertreibung aus dem Paradies infolge des Sündenfalls vielen Menschen fremd geworden sein. Und dennoch zeigt es elementare Schuld- und Schamthemen auf.

Mit dem Essen der Früchte vom Baum der Erkenntnis des Guten und Bösen, haben Adam und Eva ein göttliches Gesetz gebrochen und sich im kulturell-religiösen, aber auch sozialen Kontext schuldig gemacht. Dass diese Übertretung von einer »dritten Instanz« beobachtet wurde, führt zum Erleben von Scham. Die Folgen sind bekanntermaßen einschneidend: Begehren, Scham vor der eigenen Nacktheit, Einschränkung der Willensfreiheit sowie die Vergänglichkeit des Leibes und Vertreibung aus dem Paradies als Bestrafung.

Viele Schöpfungsmythen berichten von der Entstehung von Scham und Schuld. Damit erhalten Scham und Schuld auch im religiösen Kontext einen bedeutsamen Charakter. In teilweise dramatischer und moralischer Weise entwickeln die Schöpfungsmythen daraus nicht nur Paradies- und Gerichtsvorstellungen im Jenseits, sondern es werden auch Gegenkräfte etabliert (Götter, Mächte, Teufel), welche für die Schuld verantwortlich gemacht werden können.

Schuld und Verantwortung sowie der Wunsch, Verantwortung abzugeben, begleiten die menschliche Geschichte. Schuld wiedergutzumachen bzw. auszugleichen, ist Bestandteil vieler religiöser Rituale und Handlungen, wie beispielsweise Beichtriten, der Taufe oder Verbrennungsriten. Dieser aktive Teil der Schuldbewältigung steht dem passiven Umgang mit Scham gegenüber. Scham passiert, man ist ihr ausgesetzt und darauf angewiesen, Mitleid oder Wohlwollen aus der sozialen Gemeinschaft, religiösen Gemeinde oder von Gott zu empfangen. Es gibt zunehmend Bestrebungen in den christlichen Kirchen, sich dem Schamerleben als elementarem Teil von Gemeinschaftlichkeit zu öffnen. Schamoffenheit und Schamtoleranz sind Ausdruck dieser Bemühungen. Im übernächsten Kapitel können Sie mehr zu diesem Thema entdecken.

Vorab finden Sie noch Platz für eigene Gedanken.

Welche Rituale oder Handlungen rund um Schuld und Scham nutzen Sie?

....

....

....

....

Wie fühlen Sie sich nach der Durchführung einzelner Rituale oder Handlungen?

....

....

....

Wenn Sie die letzte Frage nicht beantworten können, versuchen Sie doch einmal eines der Rituale oder Handlungen ganz bewusst auszuführen. Nehmen Sie sich die berühmten fünf Minuten Zeit dafür. Können Sie nun etwas notieren?

Schuld, Sünde und Vergebung

Die Auseinandersetzung mit Schuld und ihre Bewältigung ist ein Kardinalthema zahlreicher Religionen. Der christliche Glaube zum Beispiel weiß um die menschliche Schuld, da der ganze Mensch als Sünder gegenüber der eigenen Person, dem Leben, den Mitmenschen bzw. der sozialen Gemeinschaft und Gott verstanden wird. Was Sünde als religiöser Ausdruck für Schuld im einzelnen Leben tatsächlich bedeutet, bleibt offen für verschiedene Deutungen: Sünde erscheint beispielsweise als – wie wir bereits bei Luther sahen – Verkrümmung des Menschen in sich selbst, als Verschlossenheit gegenüber Gott und dem Geist der Gemeinschaft. Das heißt aber nicht, dass die Hölle oder das Fegefeuer tatsächlich auf den einzelnen Menschen warten. In genau diese Befürchtungen wird das Wort der bereits geschehenen Versöhnung am Kreuz Jesu Christi hineingesprochen und ausgelegt. Der Mensch ist trotz und in seiner Schuldigkeit bereits erlöst. Von dieser erfahrbaren Vergebung zeugen u. a. die Sakramente der Taufe, des Abendmahls und der Beichte. In der Begegnung mit Gott, dem Hören auf das Wort der Versöhnung, erfährt der Mensch Vergebung seiner Sünden, Erlösung von Schuld und die Befreiung zu einer neuen Existenz. Schuldgewahrwerden und Sündenvergebung sind die praktischen Entsprechungen zur christlichen Rede von Kreuz und Auferstehung, von Gesetz und Evangelium, von Gottes-, Nächsten- und Selbstliebe. Es handelt sich quasi um zwei Seiten einer Medaille.

Sich religiöse Auslegungen und Traditionen genau zu vergegenwärtigen, kann Missverständnisse und Halbwahrheiten verhindern. In jeder religiösen Gemeinschaft sind Schriften deshalb ein wichtiger Bestandteil, die helfen können, sich Themen wie Scham und Schuld zu stellen und eine angemessene Haltung zu gewinnen. Das Wissen um wichtige Elemente der eigenen Religion oder auch des religiös historischen Kontextes, in dem sich unsere Gesellschaft entwickelt hat, trägt dazu bei, Verständnis und Strategien im Umgang mit Scham und Schuld zu finden.

Christlich sozialisierte Menschen werden vor allem mit dem Sündenbegriff etwas anfangen und zur Verarbeitung ihres Schulderlebens gelangen können. Schuld will durch Seelsorge zur Vergebung und Versöhnung geführt werden. Darin liegt ein Abbild göttlicher Güte und Fürsorge. Alles, was von diesem göttlichen Plan vom Leben trennt, ist nach christlicher Definition Sünde. Es wird aber nur dann zur individuellen Schuld, wenn die Annahme dieses Lebensentwurfes abgelehnt wird. Leben geschieht aus der erfahrenen Vergebung heraus, wie sie u.a. im Beichtgebet vor dem Abendmahl, an Karfreitag oder anderen Bußtagen im Kirchenjahr sowie in den Sakramenten und Kasualgottesdiensten, d.h. Amtshandlungen immer wieder gelebt werden darf. »Vergib uns unsere Schuld, wie auch wir vergeben unsern Schuldigern« – diese Bitte aus dem Vaterunser (Mt. 6,12) zeigt die ganze Dimension christlich kirchlicher Sündenvergebung auf.

Im biblischen Verständnis ist der Mensch verstanden, angenommen und von seiner Schuld erlöst. Der gläubige Mensch darf in der Folge den Teufelskreis aus steter Selbstrechtfertigung und Fremdanklage verlassen und für sich und seine Existenz Verantwortung übernehmen lernen. Die Notwendigkeit der Vergebung von Schuld ist Teil des christlichen Glaubens.

Auch in anderen Religionen sind ähnliche Bräuche anzutreffen, beispielsweise im Judentum, wo am Jom Kippur-Tag der Sündenbock stellvertretend für eine ganze Gesellschaft mit der Last ihrer Schuld in die Wüste geschickt wird. Im Islam kann man die Bitte um Buße und Reinigung auf der Wallfahrt nach Mekka nennen, welche zu den religiösen Pflichten eines gläubigen Muslims gehört.

Gesunder Glaube hat einen protektiven, die Resilienz fördernden Charakter.

Falsch verstandener und ausgelegter Glaube kann Schaden anrichten und nicht selten auch in eine psychische Erkrankung münden. Reinigungszwänge und Zwangsgedanken an die eigene Schuld sind zwei mögliche Beispiele dafür.

Ausgehend vom Bedürfnis nach Bindung und Zugehörigkeit werden Menschen Teil religiöser Gemeinschaften und praktizieren rituelle oder symbolische Handlungen in ihrem Alltag. Waschungen und körperliche Reinigungsrituale dienen innerhalb vieler Religionsgemeinschaften auch der moralischen Reinigung. Im vorherigen Kapitel haben wir dazu auch eine kleine Übung. Vielleicht mögen Sie noch mal zurückblättern? Spannenderweise gibt es nämlich auch bei Menschen, die derzeit nicht aktiv einer Religion angehören, sich selbst als Atheisten betrachten oder im Alltag ihren individuellen Glauben praktizieren, auch Rituale und Handlungen, die beim genauen Hinschauen ihren Ursprung in einer Religion haben.

Wenn Familien sich abends zur gemeinsamen Mahlzeit um den häuslichen Tisch versammeln, eröffnen einige die Mahlzeit mit Gesang oder Gemeinschaftsgesten (»Piep, piep, piep, wir haben uns alle lieb, guten Appetit«), welche anstelle eines Gebetes vor der christlichen Abendmahlsgemeinschaft, dem Ursymbol der Vergebung, getreten sind. Manche Teezeremonien – der britische Five o'Clock Tea oder buddhistische Tempelgebete – rufen zu meditativer Einkehr im Trubel des Tages. Die Aktion »7 Wochen ohne«, ursprünglich von den christlichen Kirchen in der Fastenzeit vor Ostern als »persönliches Opfer« ins Leben gerufen, dient vielen Menschen fernab vom kirchlichen Ursprungsrahmen als asketische (Buß-)Praxis in unterschiedlichster Ausprägung.

Bei Verstoß gegen die Regeln der (religiösen) Gemeinschaft können Sühne-, Opfer-, Reinheits- und Bußhandlungen ein Stück weit für ausgleichende Gerechtigkeit und Kompensation sorgen. Sie dienen dem Gemeinwohl und wollen zu einem angemessenen Sozialverhalten motivieren.

Es wird nicht nur von der Sünde gegen Gott, sich selbst und den Nächsten gesprochen, sondern auch von der Schuld der Gedanken, des Wortes und der Tat. Diese können eine zerstörerische Wirkung auf die gesamte Lebenswirklichkeit haben. Eine schuldhafte Tat hat nicht nur Folgen für den Einzelnen, sondern auch für die soziale Gemeinschaft. Es besteht ein Zusammenhang von Tat und Tatfolge, von Tun und Ergehen.

Vielleicht können Sie mit Begriffen wie Schicksal und Karma mehr anfangen? Sie deuten in eine ähnliche Richtung. Taten sind mächtige Ereignisse, die immer soziale Folgen nach sich ziehen. Täter schaffen sich eine Sphäre ihrer Taten? Sich dessen bewusst zu werden, ist immer wieder Aufgabe im Alltag. Früher wurde nicht ohne Grund die Redewendung »Versündige dich nicht!« als vorausschauende Ermahnung gebraucht. Heute würde man vielleicht sagen, dass eine achtsame, bewusste und fürsorgliche Auseinandersetzung mit der Umwelt in unserer Verantwortung liegt.

Dieser Schuldbegriff setzt allerdings voraus, dass der einzelne Mensch sich aus seinem freien Willen fernab von äußerem Zwang für dieses Verhalten entschieden hat. Der Gegenbegriff zu diesem Schuldverständnis wäre beispielsweise das schicksalhafte Verhängnis (z. B. durch äußere Macht oder Krankheit), in welchem das Verhalten von außen bestimmt wird – wie wir finden, das Gegenteil von Selbstwirksamkeit.

Es finden im Alltag immer wieder Begegnungen mit Menschen statt, denen ein Schulderleben zu fehlen scheint, obwohl für Außenstehende deutlich ist, dass sich hier ein Mensch durch Tun oder Unterlassen schuldig gemacht hat. Aktuelle (politische) Beispiele sind fundamentalistische Bestrebungen und religiöser Fanatismus, von denen die Medien immer wieder erzählen. Daneben existiert aber auch ein übersteigertes Schulderleben, unter dem ein Mensch leiden kann, obwohl es dafür keine realen Anzeichen einer zurechenbaren Schuld gibt. An den zuletzt genannten Beispielen ist erkennbar, an welchem Punkt professionelle psychologische Hilfe nötig wird.

Unter theologischer Perspektive weist Scham auf das menschliche Leben in sozialen Bezügen, auf eine grundsätzliche Re-ligio (lat. Rückbindung) hin. Der Mensch befindet sich immer schon in Beziehung zu seinen Mitmenschen, zu Gott und sich selbst. Ist die Gottesbeziehung zerstört, herrschen Schande und Beschämung.

Christlich wird der Begriff der Scham gerne im Zusammenhang mit Begriffen wie Sünde und Reue verwandt. Sowohl Sünde wie Reue beziehen sich auf menschliches Scheitern, das der Mensch nicht grundsätzlich vermeiden kann, da die göttliche Vollkommenheit für den Menschen nicht erreichbar ist. Dabei bezieht sich Scham auf die Sündigkeit insgesamt, Reue auf einzelne Sünden. Religiöse Vorschriften können bei menschlichem Versagen insofern helfen, als dass Gläubige Fertigkeiten erlernen, die eigene Scham auszuhalten und eine Schamtoleranz zu entwickeln. Entlastende Rituale wie zum Beispiel Waschungen sind in diesem Kontext zu verstehen. So befreit die Taufe von der Ursünde des ersten Menschen – dem schambehafteten Sündenfall im Paradies – und gilt gleichzeitig als Aufnahmeritual in die christliche Gemeinschaft.

An dieser Stelle soll auch daran gedacht werden, dass Glaube und Religion an sich schon schambesetzt sind. Außerhalb der religiösen Gemeinschaft soll Religion zumindest in säkular-weltlichen Gesellschaften Privatsache bleiben, im intimen Bereich stattfinden. Zugleich spielt die Angst vor Ehr- und Gesichtsverlust eine wichtige Rolle innerhalb religiöser Gemeinschaften, die ihrerseits Teil der Gesellschaft mit vielleicht anderen Normen und Werten sind. Ein Spannungsfeld, in dem sich Gläubige bewegen müssen.

In einigen Religionen werden die Begriffe Scham und Schuld eng mit den polaren Begriffen Ehre und Vergebung verknüpft. Der Erhalt der Ehre kann ein existenzielles Ziel bilden, unterstützt von individuellem Schamerleben. Was mich beschämt, kränkt mich zugleich in meiner Ehre. Die Fähigkeit, Scham zu empfinden, zieht anders als Schuld nicht die Angst vor Bestrafung nach sich, sondern dient sozusagen präventiv dem Erhalt der Ehre innerhalb religiöser Gemeinschaften. Das religiös akzeptable Miteinander soll auf diese Weise geregelt werden.

Verzeihen lernen und von empfundener vergangener Schuld und Scham befreit werden, kann im Rückgriff auf religiöses Erleben, z.B. mittels Ritualen erleichtert werden. Begriffe wie Versöhnung und Vergebung prägen indes nicht allein kirchliche Handlungen, sondern wollen vielmehr den einzelnen Menschen aufrichten helfen. Begangene Schuld und wahrgenommene Scham wollen aufgehoben, begrenzt und beendet werden – religiös ausgedrückt in Form von Versöhnung und Vergebung, weltlich ausgedrückt als Loslassen lernen.

Im Christentum werden Begriffe wie Gesetz und Evangelium stellvertretend für Schuld und Vergebung benannt. Die gelebte kirchliche Glaubenspraxis vermittelt das Wort von der am Kreuz Christi geschehenen Versöhnung im Rahmen der Traditionen in die jeweilige Lebenssituation einzelner Menschen hinein. Vergebung geschieht dabei – wie in der Psychotherapie – als persönlich adressiertes, als aus- und zugesprochenes Wort. Orientierungspunkte sind nicht nur im Christentum, sondern auch in anderen Religionen, heilige Schriften, Lehrtraditionen und individuelle Glaubenserfahrungen. Schuld soll so begrenzt an eine höhere Gewalt abgegeben werden, die schambehaftete Verkrümmung des Menschen in sich selbst heilsam durchbrochen werden. Fernab zahlreicher Schuldzuweisungen eröffnet das Verzeihen und Loslassen einen Weg in neu empfundene Freiheit und Begegnungen mit Menschen.

Innerhalb einzelner Glaubenssysteme dienen verschiedene Rituale der Befreiung von Schuld- und Schamerleben. So treffen Katholiken in der Beichte auf eine Möglichkeit, begangene Schuld zu verarbeiten. Rituelle Waschungen dienen in einigen Religionsgemeinschaften, beispielsweise dem Hinduismus oder Judentum, neben der körperlichen auch der moralischen Reinigung, dem Loswerden von Schuld und Scham.

Der Beitrag der Weltreligionen

Betrachtet man die verschiedenen Weltreligionen, so haben sie eine grundsätzlich wohlwollende Sicht auf individuelle Entwicklungs- und Entfaltungsbestrebungen im Umgang mit den Emotionen Scham und Schuld. Das Christentum spricht von einer göttlichen Liebe, welche den Menschen vor allen Handlungen umhüllt, ihm zuvorkommt und ihn beschenken will. Der christliche Glaubenssatz »Gott ist die Liebe« (1. Joh 4,16) beschreibt das Sein in der Liebe als Grund menschlichen Lebens, als Verheißung und Anspruch zugleich. Jeder Mensch darf täglich auf Gottes zuvorkommende Liebe vertrauen – auch wenn er sich durch das Erleben von Scham und Schuld wertlos fühlt. Das biblische Doppelgebot der Gottes- und Nächstenliebe schafft ein verheißungsvolles Spannungsfeld aus Gottes-, Selbst- und Nächstenliebe. Das Judentum spricht von Gottes auserwähltem Volk Israel, welches sich dieser besonderen Erwählung als Ausdruck von Wertschätzung – trotz real erfahrener Beschämung, dem tragischen Opferdasein und der Widerfahrnis kollektiver Schuld als Volk – alltäglich bewusst werden darf, damit es befreit sich dem Nächsten in Liebe zuwenden kann. Der Islam benennt individuelle Entwicklungsschritte, die fünf Säulen, als Reifungs-, Selbstwert- und Stärkungsprozesse des gläubigen Menschen. Im Buddhismus gilt als letztes Ziel, den Kreislauf kontinuierlichen irdischen Leidens durch moralisch integre Handlungen möglichst frühzeitig zu durchbrechen, um in die Ewigkeit einzugehen und Schuld- und Schamerleben endgültig zu beenden. Der Hinduismus glaubt an eine Reinkarnation einzelner Menschen und verleiht ihren irdischen Taten und Reifungsprozessen damit ein besonderes Gewicht, auch der Bearbeitung von Schuld und Scham.

Allen fünf Weltreligionen gemeinsam ist die Gewissheit, dass Menschen nicht alleine auf der Welt sind, sondern sich in vielfältigen sozialen Bezügen wiederfinden, welche dem individuellen Reifungsprozess nutzbar gemacht werden dürfen. Der vertrauensvolle Blick auf eine höhere Macht soll den Einzelnen von überbordendem Scham- und Schulderleben erlösen und ihn im Alltag entlasten.

Normen und Werte

Bevor wir uns typischen Scham- und Schuldsituationen zuwenden, die aus der Auseinandersetzung mit Normen und Werten entstehen, wollen wir noch die Begriffe klären, um eine gemeinsame Sprache zu sprechen. Wir unterscheiden zwischen ethischen Werten mit allgemeingültigem, verbindlichem Charakter und praxisbezogenen, übergeordneten Normen mit konkretem, pragmatischem und auf Erfahrung beruhendem Handlungsbezug. Erstere werden zum Beispiel durch die Menschenrechte repräsentiert, Letztere schlagen sich in Gesetzen und Vorschriften nieder.

Was sein soll

Ethische Werte lassen sich als Maßstäbe für das sozial Sollende, als Zielbestimmungen für das sittlich zu Erstrebende begreifen. Als Kriterien der Ethik kommt den Werten ein hohes Maß an Allgemeingültigkeit und Verbindlichkeit zu. Inhaltlich verknüpfen wir damit im Alltag Leitmotive wie die Wahrung der Würde des Menschen, das Streben nach Freiheit, Gleichheit, Gerechtigkeit, Toleranz und Frieden. Funktional sind Werte Orientierungshilfen, Motivationsspender, Entastungsmittel und Handlungssteuerer. Gerade in einer pluralistischen Gesellschaft und weltanschaulich neutralen Staaten erscheint es unabdingbar, mithilfe ethischer Grundwerte einen ethischen Minimalkonsens sicherzustellen.

Werte sichern zugleich den religiösen, kulturellen und historischen Rückbezug aktuell vertretener ethischer Standards und liefern einen Orientierungsrahmen für existenziell-menschliche und kulturell-ethische Erfahrungen. So existieren in unser aller Alltag wie selbstverständlich verschiedene Werte nebeneinander: ökonomische Werte (die Befriedigung natürlicher und kultureller Bedürfnisse durch bestimmte Güter), das Streben nach Lustgefühlen und persönlichem Glück, die Realisierung von moralischen Werten durch gelebte Pflichterfüllung oder Sittenbefolgung, die kreative Schöpfung künstlerischer Werte oder die fromme Befolgung religiöser Vorschriften, um nur einige zu benennen.

In unserer Gesellschaft finden sich die Wurzeln vieler dieser Leitmotive im Christentum. Das im Sozialpakt der Vereinten Nationen verankerte Recht eines jeden auf Erreichung eines Höchstmaßes an körperlicher und geistiger Gesundheit bestimmte – neben dem Recht auf Bildung und Religionsfreiheit – bereits den Gedanken der Caritas. Die Menschenwürde lässt sich auf die Lehre von der Gottesebenbildlichkeit zurückführen. Der Grundwert der Gerechtigkeit basiert auf der tradierten Lehre göttlicher Eigenschaften.

In den vergangenen Jahrzehnten erfolgte in den westlichen Gesellschaften ein kultureller Wertewandel, in welchem Begriffe wie Selbstbestimmung, Selbstverantwortlichkeit und Glück zu Leitmotiven wurden. Ein weltanschaulicher Pluralismus ersetzte kirchlich-konfessionelle Traditionen und führt zu einem »Polytheismus der Werte« (Max Weber), welcher neue Arten der Belastung, Überforderung oder Unsicherheit erzeugt, weil so vieles gleichzeitig geregelt und beachtet werden muss.

Was man tun soll

Normen (lat. Richtschnur) drücken dagegen ein Stück weit die Normalität im Sinne des rechtlich und ethisch Allgemeingültigen aus. Sie benennen geoder verbotene Handlungen und Ziele. Die Bandbreite des Normbegriffs reicht dabei von strengen, allgemein verbindlichen Gesetzesformen bis hin zu einer inhaltlich erst noch zu bestimmenden Richtschnur des Handelns. Ihre Verbindlichkeit erkennt man an der Macht, mit der ihre Einhaltung bzw. Durchführung gesichert wird.

Verdeutlicht werden kann das an der berühmten deutschen Pünktlichkeit. Natürlich ist uns völlig klar, dass wir, wenn wir nicht pünktlich sind, unser Gegenüber verletzen. Worin die Verletzung genau besteht, wollen wir am liebsten gar nicht wissen. Schlimm genug, dass wir überhaupt andere Menschen verletzen. Dafür sollten wir uns schämen, zumindest aber schuldig fühlen und Reue bekunden. Doch was ist bloß mit dieser Regel in anderen Kulturen, in denen Pünktlichkeit scheinbar keine Rolle spielt? Wo es eigentlich egal ist, ob man vormittags oder nachmittags jemanden besuchen geht. Wo Busse und Bahnen nach gröbsten Zeitplänen »irgendwann morgens« fahren. Ist da denn alles durcheinander? Ist es völlig normal, andere zu verletzen oder denkt man dort gar nicht darüber nach? Bewegen diese Menschen sich scham- und schuldlos durch den Alltag? Oder müssten sich Deutsche vielleicht schämen, so egoistisch zu sein, den anderen ihre Werte und Normen vermitteln zu wollen? Diese kulturelle Beobachtung verdeutlicht, wie kompliziert sich der Umgang mit Werten, Normen und Regeln im Alltag gestalten kann. Benimmbücher – zu manchen Zeiten Bestseller – können hierbei der Orientierung dienen, eine Hilfestellung im Alltag geben und zugleich die soziale Etikette wahren.

Etwas in Vergessenheit geraten ist zum Beispiel der sogenannte »Knigge« als Maßstab der sozial erwünschten Umgangsformen. Adolph Freiherr von Knigge beschrieb in »Über den Umgang mit Menschen« bereits recht früh

(1788) den auch heute gültigen Umgang mit Menschen, mit sich selbst und verschiedenen Persönlichkeitstypen. Es geht darin u.a. um die Manieren bei Tisch, die angemessene Kleiderordnung, soziale Rollen und vieles mehr.

Normen übersetzen ethische Werte in Regeln für die Handlungsebene. Die gesellschaftliche Konvention, beim Essen nicht zu schmatzen und vornehmlich zu schweigen, diente ursprünglich in Klöstern der meditativen Einkehr sowie dem Lauschen der vorgetragenen (Bibel-)Texte. Überdies sicherte sie auch die Nahrungsaufnahme, denn sorgfältiges Kauen erleichtert die Verdauung und verhindert ein Sich-Verschlucken. Zugleich ist die Konzentration auf das Essen Ausdruck der Wertschätzung gegenüber demjenigen, der das Essen zubereitet hat. Ein Anspruch, den wir im Alltag kaum noch pflegen. Zu oft essen wir auf die Schnelle zwischendurch, sind mit der notwendigen Nahrungsaufnahme nur noch kurz beschäftigt. Dem ursprünglich sozialen und gesundheitsförderlichen Sinn der überlieferten Esskultur geben wir nur noch bei Feierlichkeiten oder beim berühmten »Sonntagsbraten« Raum. Dann erst genießen wir das angemessene Miteinander, würdigen den Geschmack und den Koch.

Was hat all das aber mit Scham und Schuld zu tun?

Die Praxis menschlicher Lebensgestaltung, auch der Umgang mit den Emotionen Schuld und Scham, beruht auf der Anerkennung und Pflege gewisser Normen. Diese regeln die Handlungen von Menschen, die soziale Etikette, die Ordnungen des Profanen wie Sakralen, d.h. Alltäglichen wie Heiligen, und garantieren die Einhaltung allgemein verbindlicher ethischer Werte.

Normen stiften Orientierung, geben Halt und sorgen für eine gewisse Überschaubarkeit des Lebens.

Im Alltag handeln und denken wir häufig gleichzeitig. Erstaunlich ist daher, wie scheinbar selbstverständlich wir versuchen, alles zu berücksichtigen, was wir gelernt und entwickelt haben. Wir halten uns an bestimmte Werte, Regeln und Normen, ohne diese zu hinterfragen. Das spart Zeit und Kraft. Wie umständlich wäre unser Alltag, wenn wir uns bei jeder Handlung, jedem Tun immer erst einmal die passenden Regeln und Normen vergegenwärtigen müssten? Ungezwungene spontane Reaktionen wären dann kaum noch möglich. Regeln, Normen und Konventionen hielten uns gefangen und wir hätten kaum noch Energie für das wirkliche Miteinander.

Genauso wichtig ist, dass nicht jeder Verstoß gegen eine Norm bestraft wird, dass Vergebung und Versöhnung möglich sind. Es ist das Verdienst der christlichen Religionen, dass ethisches Handeln im Kontext halt- und strukturgebender Normen nicht nur einen starren Gesetzescharakter, sondern auch Ausdruck einer frohen Botschaft ist. Menschliches Handeln wird durch Gottes Handeln bestimmt, Gottes- und Nächstenliebe rücken zueinander. Die zuvorkommende göttliche Liebe wird zur Richtschnur und zum Maß sittlichen Handelns, kurzum: zur guten Tat. Anders ausgedrückt: Auf Gottesliebe folgt Nächstenliebe. Nächstenliebe als solche hat daher bereits etwas Verzeihliches und Wohlwollendes für unser Gegenüber. Als eine innere Haltung kann sie den Kontakt zu anderen Menschen positiv und angenehm gestalten. Das gilt auch, wenn Menschen diese wertschätzende innere Haltung fernab eines religiösen Kirchenglaubens im Alltag zeigen.

Ein Gewissen ist kein Ruhekissen

Theoretisch mag es vielen Menschen schnell einleuchten, was richtig und gut, was falsch und schädlich zu sein scheint, gerade auch im Umgang mit den schwierigen Emotionen Schuld und Scham. Es hapert aber an einer praktisch-konkreten Umsetzung und Bewältigung dieser Empfindungen. Auch wer prinzipiell das Gute tun und das Böse vermeiden will, dem gelingt es nicht immer, die dabei störenden Emotionen Scham und Schuld abzustreifen. Im Gegenteil: Je mehr man dieses versucht, desto eher wird man von diesen Emotionen eingeholt und quasi verfolgt. Ein Alltagssprichwort beschreibt dies ganz treffend: Gut gemeint ist nicht gut gemacht.

Es ist gut, dass ein Mensch sich seiner Emotionen gewahr wird, es ist schlecht, dass es sich bei Scham und Schuld um sozial notwendige, aber zugleich auch wenig akzeptierte Emotionen handelt. So kann sich relativ rasch ein Gewissenskonflikt zwischen den eigenen moralischen Werten und den vermittelten gesellschaftlichen und rechtlichen Normen herausbilden. Dieses führt mitten in einen ethischen Konflikt, ausgetragen im Menschen selbst. In der konkreten Situation der Entscheidung hat das Individuum in Einsamkeit für Gut und Böse einzustehen.

Im Anschluss an Albert Schweitzers Ethik der Ehrfurcht vor allem Leben, ist es beispielsweise ethisch anders zu bewerten, wenn ein Bauer seine Blumenwiese mäht, um im Winter sein Vieh füttern zu können, als wenn er am Wegrand wahllos Blumen vernichtet, weil er jene nicht ansehen mag. Ähnliche ethische Gewissenskonflikte und nachfolgende Entscheidungen kennen wir wohl alle. Doch was ist die Richtschnur?

Normen sollten nicht erstarren, der Vergangenheit verhaftet sein und den Menschen doktrinär fremdbestimmen, sondern lebendig in konkrete Alltagshandlungen umgesetzt werden. Im Dialog mit sich selbst oder mit anderen Menschen werden Normen zu einer Art Fahrrinne der individuellen Entscheidung. In Zeiten zunehmender Allergien kommt es beispielsweise häufig vor, dass Menschen in der Öffentlichkeit niesen müssen. »Gesundheit« – »Danke sehr« ist ein dann häufig erklingender Dialog, der auf tradierten Normen basiert. Eine individuell getroffene Entscheidung könnte bedeuten, dass wir zu einem niesenden Menschen nicht mehr »Gesundheit« sagen, sondern sein Niesen charmant ignorieren. Genauso könnte der Niesende sich entscheiden, sich für die Störung zu entschuldigen, auch wenn er nichts für die Allergie kann. Hier im eigenen Fahrwasser ruhig weiterzuschwimmen, kann zuweilen schwerfallen. Warum eigentlich?

Aus einer ursprünglich menschlichen Geste des Wunsches nach Gesundheit für den Niesenden wird, dass dieser sich für ein menschlich normales Niesen entschuldigen soll. Welcher Wert und welche Norm zählt hier und wer trägt die Verantwortung?

Im Alltag ist Ihnen vielleicht der Lösungsversuch des Dilemmas aufgefallen? Die meisten Menschen sagen intuitiv noch »Gesundheit« und entschuldigen sich dafür mit den Worten: »Ich weiß, das soll man nicht mehr sagen.« So wird aus einer einfachen Angelegenheit eine komplexe Kommunikation. Vielleicht schweigen wir einfach und denken uns weiter: »Gesundheit?«, denn die Gedanken sind frei.

Die verinnerlichten Erwartungen

Im psychotherapeutischen Kontext zeigen sich viele der Werte, Normen und Regeln in Form von frühen sogenannten Zuschreibungen. Viele Menschen berichten, was ihnen sozusagen über sich selbst als Person beigebracht worden ist. Diese Zuschreibungen können so beiläufige Sätze der Eltern sein wie: »Du bist doch der Größere von euch, also musst du Rücksicht nehmen«, »Von dir haben wir etwas anderes erwartet«, »Du bist ein von Helm, da kann man mehr erwarten«. Mit solchen und anderen Zuschreibungen werden Menschen groß und diese prägen ihre eigene Identität. Der »Größere« zu sein und wiederholt darauf hingewiesen zu werden, kann zum Beispiel später Scham und Schuld verursachen, wenn Menschen sich in Beziehungen nicht »wie der Größere verhalten«. So kann die neue Vaterrolle dazu führen, dass ein junger Familienvater ganz unbewusst den Anspruch an sich hat, die Rolle als Versorger der Familie sofort zu meistern – wie ein »Großer« eben.

> Zuschreibungen nisten sich zumeist im Idealselbst ein. Das Idealselbst ist das, was wir am liebsten von uns sehen würden, wie wir gern wären. Dem gegenüber steht das Realselbst. Das ist das, was uns im Hier und Jetzt auszeichnet.

Alle Menschen haben ein Idealselbst und ein Realselbst. Die Vorstellung des Idealselbst sollte nicht allzu weit entfernt von unserem Realselbst sein. Weshalb? Das Idealselbst enthält unsere Entwicklungsziele. Sind diese Ziele, die wir erreichen wollen, zu weit von unserem Realselbst entfernt, müssen wir scheitern. Sehr oft findet sich in diesem zu großen Unterschied eine Quelle für Scham und Selbstabwertung.

Die meisten Menschen neigen dazu, sich selbst aus der Perspektive ihres Idealselbst zu bewerten. Sie ahnen schon, so gut kann das Realselbst gar nicht sein, es wird dem Idealselbst gar nicht entsprechen oder genügen können. Dann scheitern sie vor sich selbst und schämen sich somit auch vor sich selbst.

Wie sieht Ihr Idealselbst aus?
Wie möchten Sie gern gesehen werden?

Wie möchten Sie sich selbst gern sehen?

....

....

....

....

Und wie sieht es mit dem Realselbst aus? Ziehen Sie bei den oben notierten Stichworten ehrlich Bilanz.
Wie sehen andere Menschen Sie? Welche Rückmeldungen bekommen Sie?

....

....

....

....

Wie sehen Sie sich selbst, wenn Sie ganz ehrlich im Hier und Jetzt in den Spiegel schauen?

....

....

....

....

Sind Ihre Ziele aus dem Idealselbst erreichbar?

....

....

....

....

Was müssten Sie alles leisten, um das Idealselbst und dessen Ziele zu erreichen?

Ist das zu schaffen?

Ja Nein

Wie wahrscheinlich ist es, dass Sie einzelne Ziele in den nächsten zwei, drei Jahren erreichen können?

In der Psychotherapie geht es erst einmal darum, die verinnerlichten Werte, Normen, Regeln und Zuschreibungen zugänglich zu machen. Gerade Zuschreibungen enthalten viel Unausgesprochenes. Menschen denken zu wissen, was damit gemeint ist. Bei näherem Hinsehen kommen immer aber wieder Widersprüche zutage, weil zum Beispiel Normen, Werte und Zuschreibungen für einzelne Familienmitglieder gar nicht gelten. Sich von den stark verinnerlichten Werten, Normen und Regeln zu befreien, eigene Zuschreibungen zu entwickeln, kann eine große Entlastung darstellen und Platz schaffen für realistische Ziele und Wünsche an sich selbst.

Welche Zuschreibungen kennen Sie? Es sind häufig typische Sätze, die sich auf Sie als Person beziehen.

Von Ihrer Mutter:

Von Ihrem Vater:

Von Ihren Geschwistern:

Von (ergänzen Sie hier weitere wichtige Personen):

Welche würden Sie gern verabschieden?

Sowohl das Missachten von Normen und Werten wie das Scheitern an ihrer angestrebten Erfüllung können Scham und Schuld auslösen. Diese wiederum bedrohen das Selbstbild des Menschen, können seine seelische Integrität beschädigen. Insbesondere Scham zeigt sich als komplexer Prozess, der individuell ganz unterschiedlich ablaufen kann, weshalb wir am liebsten von Scham- und Schulderleben sprechen. Das jeweilige Erleben hängt auch davon ab, wie meine Mitmenschen mich als Person sehen. Das Schamerleben wird damit gleichsam bipolar im inneren Erleben: Subjektiv schäme ich mich für etwas, objektiv schäme ich mich vor jemandem.

Scham kann sich in vielen Situationen verbergen. Jeder, der auf die eine oder andere Weise ein schwaches Selbstwertgefühl hat, wird versuchen, jegliche Bedrohung des eigenen Selbstwertes abzuwehren, zu verleugnen oder – fachlich ausgedrückt – projektiv zu identifizieren, d. h. andere zu beschämen. Das Reaktionsspektrum kann dabei von Emotionen wie Wut, Rachegefühlen, über Arroganz, Sarkasmus oder dem Lächerlich-Machen anderer auf der einen Seite bis zum Empfinden von Wertlosigkeit, Kleinheit, Ungenügen und sozialer Isolation auf der anderen Seite reichen.

Vermutlich erleben Sie diese Emotionen auch im Wechsel bei sich. Wenn Sie etwas richtig ärgert, haben Sie sich vielleicht schon dabei ertappt, wie Sie Rachepläne schmieden oder versuchen, Ihr Gegenüber auf die eine oder andere Art lächerlich zu machen. Möglicherweise haben Sie sich in einer ruhigen Minute aber auch gefragt, was diese heftige emotionale Reaktion, das »Anspringen wie ein Ottomotor« mit Ihrem eigentlichen inneren Erleben zu tun gehabt haben könnte. Infolge derartiger Auseinandersetzung mit sich selbst fühlen Sie sich dann plötzlich ganz klein und wertlos. Sie schämen sich vor sich selbst oder fühlen sich angesichts solcher Gedanken und Pläne schuldig.

Genauso gibt es Menschen, denen die Würde und der Stolz im Umgang mit den Mitmenschen wichtiger als Nähe und wahrer Austausch sind. Indem sie darauf beharren, mit einer großen Portion mehr an Respekt behandelt werden zu wollen, schaffen sie gleichzeitig Distanz und verhindern, als Mensch mit Stärken und Schwächen gesehen zu werden. Natürlich stellt sich umgehend die Frage, weshalb es Ihnen so wichtig erscheint, dass Mitmenschen Ihnen mit diesem überdimensionierten Respekt begegnen, welche eigene Unzulänglichkeit Sie hinter Etikette und Höflichkeit verstecken wollen.

Verschiedene destruktive Kommunikationsspiralen sind theoretisch und praktisch denkbar. Sie haben immer mit der eigenen Geschichte zu tun. So ist es ein Leichtes, andere abzuwerten, wenn man selbst immer wieder abgewertet wurde. Im späteren Leben Respekt einzufordern, scheint ganz logisch, dennoch heilt es die alten Wunden keineswegs, wenn die Verletzung durch die früheren Abwertungen nicht eingestanden und nachgefühlt wird. Warum?

In den Lebensthemen verborgen

In jeder Familie spielen Scham- und Schuldthemen eine Rolle. Welches Thema in der jeweiligen Familie relevant ist, hängt von verschiedenen Faktoren ab. Scham und Schuld können sich zum Beispiel an bestimmten Lebensthemen festmachen. Meist sind es Themen, die in der eigenen Geschichte oder Kindheit bereits eine besondere Bedeutung hatten, wie »Was denken die Nachbarn über uns?«. Über diese Themen wurde oft gesprochen oder sie waren für die Eltern und die Gesellschaft, in der man groß geworden ist, wichtig.

Scham- und Schuldthemen lassen sich daran erkennen, dass diese immer wieder Gegenstand und Anlass von aktueller Scham und Schuld sind. Anhand der typischen Gedanken und sich ähnlich anfühlender Emotionen lassen diese sich besser identifizieren.

Ist es zum Beispiel in einer Familie üblich, sich gegenseitig zu unterstützen und deshalb auch eigene Bedürfnisse zurückzustellen, dann entsteht Schuld, wenn ich als Familienmitglied keine Unterstützung geben kann. Typischerweise grübeln dann Menschen darüber, ob es nicht doch möglich gewesen wäre, zu helfen.

So kann die nicht erfolgte Unterstützung von Familienmitgliedern aber auch Scham aktivieren, ein egoistischer Mensch zu sein. Scham ist dann das Resultat, wenn man findet, dass man sich als Mensch zu wichtig genommen und eigene Bedürfnisse in den Vordergrund gestellt hat. Hierbei lassen sich oft Denkweisen wiederfinden, die unsere Eltern bereits mitgebracht haben. Die Schlüsselfrage ist, ob die unterlassene Hilfe entschuldbar ist oder ob man sich als gesamte Person schämen muss, Hilfe nicht gegeben zu haben.

Scham und Schuld können auch dann entstehen, wenn wir uns irgendwann von unserer Familie distanzieren. Wir entwickeln unsere eigenen Werte und Normen, nach denen wir versuchen, unser Leben zu gestalten. Können wir dann die alten Ideale nicht mehr einhalten oder erfüllen, können erst einmal Scham oder Schuld entstehen.

Wann verändern sich Werte und Normen, Ideale? Typischerweise sehen wir unsere Umgebung in der Pubertät kritischer. In dieser Phase nehmen wir uns vor, manche Dinge auf keinen Fall so zu machen wie unsere Eltern, wir wollen unbedingt anders sein. Genauso können ein neuer Partner und neue Freundeskreise dazu führen, dass sich unsere Werte und Regeln verändern und wir neue aufnehmen.

Auch bedeutsame Veränderungen unserer Lebenssituation können dazu führen, dass Themen, für die wir uns schuldig fühlen, sich zu Themen wandeln, für die wir uns schämen. So kann beispielsweise ein großer Lottogewinn schamloses Verhalten aktivieren, oder die lang anhaltende Arbeitslosigkeit dazu führen, dass Schuld im außen, in der Gesellschaft gesucht wird. Viele Menschen, die arbeitslos sind, schämen sich. Ihnen wurde oft auf den Lebensweg mitgegeben: Nur wer etwas leistet, wird auch geliebt und anerkannt.

Durch Krankheit plötzlich scham- und schuldlos

Im klinisch-psychiatrischen Alltag kommt es wiederholt zu Begebenheiten, in welchen Patienten scheinbar völlig losgelöst von Scham oder Schuld agieren, was weitreichende soziale Folgen nach sich ziehen kann. Dieses soll anhand von drei Fallbeispielen dargelegt werden.

BEISPIEL Herr G., 45 Jahre, selbstständiger Unternehmer wird erstmalig in seinem Leben mit einem richterlichen Beschluss in eine psychiatrische Klinik eingewiesen. Er war in einer Einkaufsstraße dadurch auffällig geworden, dass er Banknoten an Passantinnen verteilt hatte. Er reagierte gereizt und pöbelnd, wenn jene das Geschenk ablehnten. Zudem wollte er sichtlich erregt und angespannt immer wieder beliebige Frauen zu Sexualverkehr überreden. Scheinbar scham- und schuldlos war er zu einer Gefahr für sich und sein Umfeld geworden.

Die Befragung von Angehörigen etwas später in der Klinik ergab, dass Herr G. in den vergangenen Tagen kaum geschlafen, sein Konto überzogen, auf Kritik und Begrenzung in seinem Verhalten verbal und körperlich aggressiv reagiert hatte und auch ansonsten nicht aufzuhalten gewesen sei. Das klinische Bild eines zugespitzten manischen Syndroms im Rahmen einer bipolaren Erkrankung, die bislang ambulant behandelt wurde, konnte im spezialisierten Therapiesetting eines Krankenhauses u. a. durch Pharmakotherapie rasch kontrolliert und begrenzt werden. Im Anschluss zeigte sich Herr G. sichtlich beschämt über diese Form des öffentlichen Kontrollverlustes, fühlte sich schuldig gegenüber seinen Angehörigen und brauchte längere Zeit und umfangreiche therapeutische Unterstützung, um in sein soziales Umfeld zurückzukehren. ×

BEISPIEL Frau H., 28 Jahre, Verkäuferin, wurde durch Arbeitskollegen in die zentrale Notaufnahme einer psychiatrischen Klinik gebracht, nachdem sie am Arbeitsplatz wiederholt versucht hatte, die Kollegen in missionarischer Absicht von ihrem Glauben zu überzeugen. Alle Menschen in ihrem Umfeld sollten zum Christentum bekehrt werden. Dieses war in unpassenden Situationen geschehen, etwa auch vor Kunden, die das Geschäft mit anderen Absichten aufsuchten. Frau H. hatte wiederholt aus der Bibel zitiert, die Ungläubigen kritisiert, sich selbst als Auserkorene, Gesandte Gottes verstanden, welcher ihr bildlich und akustisch wiederholt befahl, die Mitmenschen zum Glauben zu rufen, um die Welt zu retten. Frau H. zeigte sich unverrückbar in ihren Wahrnehmungen, glaubte an ihren besonderen Sendungsauftrag und ihre Kräfte und war bereit, ein besonderes Opfer etwa in Form einer Kündigung in Kauf zu nehmen.

Ihre bizarren Verhaltensweisen standen zunächst fernab eines Scham- und Schulderlebens. Nach Abklingen der psychotischen Episode warf Frau H. sich ihr Verhalten allerdings vor und fürchtete, ihren Arbeitsplatz zu verlieren. Dieses Erleben konnte zögerlich zunächst in der Klinik und im Anschluss ambulant behandelt werden. Eine Mitarbeiterin des Integrationsfachdienstes sprach sowohl mit ihr als auch mit den Mitarbeitern und dem Vorgesetzten von Frau H., konnte Verständnis für das Verhalten von Frau H. wecken und eine berufliche Wiedereingliederung an ihren alten Arbeitsplatz erreichen. Frau H. setzte sich im Vorwege, begleitet durch eine Psychotherapeutin, mit den infolge des religiösen Wahns entstandenen Schuldgefühlen auseinander und der Sorge, durch das eigene Verhalten der Firma geschadet zu haben. Auch die empfundene Scham darüber, sich so wichtig genommen zu haben, wurde thematisiert. Mit dem gesunden Blick gelang es ihr aber auch, wohlwollend mit sich zu sein und sich selbst zu verzeihen, da Frau H. erkannte, dass die Erkrankung für ihr Verhalten verantwortlich war. ×

BEISPIEL Frau K., eine 33-jährige, kinderlose Frau wird auf einer Depressionsstation nach einem Suizidversuch behandelt. Im Zuge des psychotherapeutischen Behandlungsprozesses wird deutlich, dass der Grund für ihren versiegenden Lebenswillen die bislang unverarbeitete Trauer über den frühen Verlust ihres Kindes darstellt. Zehn Jahre zuvor hatte sie aus medizinischen Gründen ihr Kind abtreiben lassen. Sie selbst kann sich bis zum Klinikaufenthalt dieses schicksalhafte Ereignis nicht verzeihen, empfindet sprachlose Scham und auch Schuld darüber, dass ihr Kind keinen Weg ins Leben hinein hat finden können. Mithilfe der Klinikseelsorge, einem nachträglichen Abschiedsritual und intensiver zum Teil vorsprachlicher kunst- und musiktherapeutischer Interventionen kann Frau K. sich schließlich selbst verzeihen und ihr ungeborenes Kind endgültig loslassen. Sie kann nach einigen Wochen geheilt von ihrer Erkrankung nach Hause zurückkehren. ×

Fernab der hier erwähnten einzelnen psychiatrischen Erkrankungen sind weitere menschliche Ausnahmezustände denkbar, in welchen die Fähigkeit zur Empfindung von Schuld und Scham eingeschränkt sind, dazu gehören zum Beispiel Demenzerkrankungen oder andere psychische Wesensveränderungen infolge schwerer körperlicher Erkrankungen.

Nicht unerwähnt lassen wollen wir in diesen Zeiten, dass religiöses Erleben im psychiatrischen Kontext auch eine fanatisch-politische Dimension entfalten kann. Scheinbar fernab regulärer sozialer Bezüge kann eine religiös untermauerte politisch-fanatische Grundhaltung zunächst zu einem Gefühl der Scham- und Schuldlosigkeit führen. Jene resultiert aus der Missachtung sozialer Verpflichtungen und herzlosem Unbeteiligtsein an den Gefühlen der Mitmenschen, kurzum aus der Unfähigkeit zu sozialen Lernprozessen. In der Folge kommt es nicht selten dann doch zu als überwältigend erlebter Scham und Schuld, die bis zum Suizid der Täter führen können.

Die Zeitgeschichte ist voller Beispiele zunehmend religiös motivierten Fanatismus und Extremismus. Aus psychiatrischer Blickrichtung wurzelt dieser häufig in Persönlichkeitsstörungen, die im schlimmsten Fall durch eine entsprechende menschenverachtende Ideologie in ihrer Entfaltung nicht behindert, sondern vielmehr bestärkt werden, denkt man an den blutigen Terror der NS-Zeit oder des IS. Erst dann, wenn ich nicht mehr in der Lage bin, Scham und Schuld als Emotionen wahrzunehmen, sollte ich mir ernstlich Gedanken um meine psychische Gesundheit machen!

Die Fragen nach dem freien Willen, nach Schuldfähigkeit und nach Geschäftsfähigkeit stellen sich immer wieder im medizinisch-psychiatrischen Alltag. Zugleich weisen sie auf die therapeutischen Grenzen eines Selbsthilfebuches hin. Scheuen Sie bitte nicht davor zurück, professionelle Hilfe aufzusuchen, wenn Sie in der Auseinandersetzung mit den Themen Scham und Schuld an Ihre eigenen Grenzen der Bewältigungs- und Umgangsmöglichkeiten stoßen. Genau dafür ist ein umfassendes professionelles Hilfesystem gedacht. Insbesondere, wenn es um Fragen einer möglichen psychopharmakotherapeutischen, soziomilieutherapeutischen oder sozialpädagogischen Unterstützung geht, können Sie sich Ihren Alltag entscheidend erleichtern, sofern Sie es sich erlauben, das professionelle Hilfenetzwerk zu nutzen. Hinweise finden Sie im Anhang dieses Buches. Schämen Sie sich bitte an diesem Punkt einmal nicht! Sie sind es sich selbst schuldig!

Veränderungen sind möglich

Jeder von uns wünscht sich gelegentlich mal, etwas Neues auszuprobieren, einfach mal ungezwungen und frei von allem zu sein, nur an sich denken zu dürfen, ohne Scham- und ohne Schuldgefühle.

Scham- und schuldlose Zeiten sind Bestandteile der menschlichen Entwicklung. Eltern können sich bestimmt an das eine oder andere Verhalten des eigenen Kindes erinnern, in denen sie sich stellvertretend geschämt haben, weil dem Kind jedes Schamgefühl fremd war. Manchmal erinnern sich die Eltern dann auch an die eigenen scham- oder schuldfreien Zeiten oder Geschichten, die ihnen von sich selbst als Kind zugetragen wurden.

BEISPIEL Frau I. erzählt davon, dass ihre Tochter gerade das Zählen lernt und das stolz anderen Kindern auf dem Spielplatz präsentierte: »Eins, zwei, drei, Bier«. Frau I. war ein bisschen beschämt, da andere Eltern irritiert und amüsiert schauten, bis diese begriffen, dass »Bier« »vier« heißen sollte. Die

Vorstellung, dass andere Eltern nun dachten, dass Bier im Alltag der Familie I. eine große Rolle spielen könnte, löste neben der Amüsiertheit aber auch Scham aus. ×

Kinder haben oft noch kein Empfinden dafür, wann sie sich schämen oder schuldig fühlen sollten. Aus Unwissenheit verhalten sie sich scham- und schuldlos. Oft genug erklären dann die Erwachsenen, wann das kindliche Verhalten wenig angemessen ist und wann Kinder sich entschuldigen müssen. So lernen Kinder Regeln, Werte und Normen schon früh ganz nebenbei.

Aber nicht nur als Eltern kann man scham- und schuldlose Zeiten im eigenen Leben entdecken. In der Pubertät und im frühen Erwachsenenalter lassen sich so manche Ausreißer feststellen. Manchmal entsteht nachträglich Scham und Schuld darüber, wie man sich anderen Menschen gegenüber verhalten hat oder wie man angezogen war bzw. ausgesehen hat. Praktiken oder Fantasien im Zuge der Sexualität oder die verheimlichten Vorstellungen von diesen sind oft frei von Scham- oder Schulderleben. Sich auszuprobieren, Grenzen zu überschreiten, kleinere Verletzungen bei anderen gelegentlich zu riskieren, gehören zur menschlichen Entwicklung dazu.

Auch im späteren Alter haben Menschen oft wenig Scham- und Schulderleben. Das hat auch seinen Sinn, schützt es doch davor, zu oft Scham und Schuld erleben zu müssen, wenn man hilfs- und pflegebedürftig wird. So fällt es leichter, den Enkel darum zu bitten, das neue Telefon einzurichten und zu erklären. Oder die Pfleger zu bitten, einen beim Toilettengang zu begleiten. Würden sich Menschen dafür jedes Mal schämen oder schuldig fühlen, wäre das Miteinander um ein vielfaches komplizierter und Hilfeleistungen kaum möglich.

Scham- und Schuldgrenzen sind also fließend und können sich im Laufe des Lebens verändern. Wofür wir uns früher geschämt haben, dafür empfinden wir im Erwachsenenalter keine Scham mehr. Jeder kennt jedoch die körperbezogene Scham, die sich in der Pubertät einstellt, wenn der Körper oder die Stimme sich verändert. Die Erinnerung daran verhindert später oft, dass man junge Jugendliche gedankenlos bloßstellt.

Erlauben Sie sich, an die eigenen scham- und schuldlosen Zeiten zu erinnern. Welche Verhaltensweisen fallen Ihnen dazu ein?

Wie stehen Sie heute dazu?

Was hat sich für Sie verändert, weshalb denken und fühlen Sie jetzt anders?

Nicht nur die eigenen Wertvorstellungen ändern sich, auch andere Lebensumstände verändern vieles. Plötzliche Arbeitslosigkeit, der Verlust der Heimat durch die Flucht in ein anderes Land führen dazu, dass man sich mehr oder weniger bewusst mit seinen Werten und Normen auseinandersetzen muss. Weniger Scham zu empfinden, weil man um Hilfe und finanzielle Unterstützung bitten muss, kann hilfreich sein.

Genauso kann es hilfreich sein, sich stärker schuldig zu fühlen, wenn einem bewusst wird, dass im neuen Land bestimmte Verhaltensweisen weniger akzeptabel sind. So gelingt es besser, sich zu entschuldigen, zu erklären und sich an die neuen Umgebungen anzupassen.

Gab es solche schwerwiegenden Veränderungen in Ihrem Leben?

Was genau ist vorgefallen?

Was hat sich dadurch in Ihrem Leben verändert?

Können Sie stolz auf sich sein, solche Zeiten durchgestanden zu haben?

Sind Sie noch mitten in so einer veränderten Lebensphase?

Ein zu gering ausgeprägtes Scham- und Schuldempfinden kann zu Nähe-Distanz-Problemen führen. Die Nähe-Distanz-Regulation beschreibt die Fähigkeit, sich angemessen in Beziehungen zu Menschen verhalten zu können. Zu viel Nähe kann als grenzüberschreitend und überfürsorglich wahrgenommen werden. Zu viel Distanz wiederum führt dazu, dass Nähe und emotionaler Austausch kaum stattfinden. Das Gefühl von Geborgenheit und Vertrauen in andere Menschen fehlen dann im Lebensalltag.

Natürlicherweise bestimmt die Art der Beziehung, die wir zum Gegenüber haben, wie wir uns jeweils im Einzelnen begegnen. Im beruflichen Kontext ist zu viel Nähe keineswegs angemessen, obwohl man den Kollegen oder die Kollegin vielleicht mag. Mit dem Partner, innerhalb familiärer Strukturen ist emotionale und räumliche Nähe ganz normal und selbstverständlich. Uns innerhalb von Beziehungen angemessen nahe oder distanziert bewegen zu können, gelingt uns, weil wir Empathie, Scham und Schuld empfinden können.

Individuelles Scham- und Schulderleben ist also veränderbar, wir haben genauso Einflussmöglichkeiten darauf, wie wir auch Einfluss auf andere Emotionen nehmen können. Das ist eine Botschaft, die uns wirklich am Herzen liegt.

Die Fähigkeit, Scham und Schuld empfinden zu können, wird uns als wichtige biologische Anlage mit auf den Weg gegeben. Bereits im Mutterleib entwickelt sich eine individuell ausgeprägte Verletzlichkeit und die Art und Weise, wie wir später auf Stress reagieren. Mit der Geburt kommt es zur Aktivierung der biologischen Anlagen. Diese ermöglichen uns beispielsweise sehr früh, in den Kontakt mit der Mutter oder anderen nahen Bezugspersonen zu gehen. Später wird daraus das Scham- und Schuldempfinden geformt. Wir lernen, wann es angemessen ist, welche Werte und Normen zum Beispiel in der Familie dazugehören. Diese Anlagen prägen aber auch das individuelle Empathieempfinden und -erleben.

Wir brauchen diese biologische Anlage, denn Menschen sind soziale Wesen. Mithilfe dieser Anlage können wir uns in der Gemeinschaft gut anpassen und uns bewegen. Voraussetzung dafür ist, dass wir diese nutzen. Personen mit einem großen Scham- und Schuldempfinden sind tendenziell auch empathischer. Zusammen sind das gute Voraussetzungen, um von Mitmenschen gemocht zu werden. Wir umgeben uns gern mit Menschen, die empathisch sind, Scham- und Schuldempfinden haben und sich auch schuldig fühlen oder schämen. Dann können wir sicher sein, dass diese uns grundsätzlich eher wohlwollend begegnen und auf unsere Grenzen achten. Das Miteinander ist so viel einfacher und sicherer.

Ohne Empathie geht nichts

Empathie als die Fähigkeit und die Bereitschaft, sich in andere Menschen, deren Gefühle, Wünsche und Bedürfnisse einzufühlen und Verständnis zu zeigen, ist eine wichtige Voraussetzung im täglichen Miteinander. Empathie brauchen wir, um uns einzufühlen, Verständnis für den anderen zu erlangen, Hypothesen über Absichten zu bilden und Verhalten vorherzusagen. Menschen in helfenden Berufen haben beispielsweise meistens ein ausgeprägtes Scham- und Schuldempfinden. Das lässt sie grundsätzlich eher takt- und würdevoll mit Mitmenschen umgehen. Sie spüren schneller, wann eine Grenze erreicht ist und können diese wahren. Wir Therapeuten wären ohne Scham- und Schuldempfinden vermutlich arbeitslos. Empathie,

Scham- und Schuldempfinden sind eng miteinander verwoben. Eines geht ohne das andere nicht.

Die grundsätzliche Fähigkeit zur Empathie ist angeboren. Uns helfen hier Strukturen im Gehirn, die unter dem Namen »Spiegelneurone« (Bauer 2006, 2007) populär geworden sind. Empathie lässt uns deshalb spontan reagieren. Wenn zum Beispiel unser Gegenüber traurig ist, können wir Trost anbieten. Dabei spüren wir oft schon fast intuitiv, welche Form von Trost passend ist, wie nahe uns jemand steht. Den Chef im Trauerfall spontan zu umarmen, könnte ziemlich danebengehen. Trost und Beileid mitfühlend auszusprechen, sind vermutlich die bessere Wahl. Empathie beinhaltet auch die Fähigkeit zur Nähe-Distanz-Regulation.

Aber bei jedem Menschen, der diese Fähigkeit besitzt, muss auch eine aktuelle Bereitschaft bestehen, sich auf das Gegenüber einzulassen. Ärzte und Psychotherapeutinnen, Erzieherinnen, Pfleger und andere helfende Berufe praktizieren diese Bereitschaft täglich. Sie lernen, Empathie gezielt zu nutzen, um andere Menschen zu unterstützen. Bleibt diese Bereitschaft mal aus, führt das oft zu Irritationen, denn jeder Mensch erwartet Verständnis gerade von Personen dieser Berufsgruppen. Doch natürlich sind auch die professionellen Helfer »nur« ganz normale Menschen und deshalb bestätigen Ausnahmen die Regel.

Im Alltag erkennen wir unsere Bereitschaft daran, dass wir uns Menschen, die wir mögen, stärker zuwenden, ihnen genauer zuhören und uns Zeit für sie nehmen. Natürlich passiert auch genau bei diesen Menschen manchmal das Gegenteil: Wir glauben sie zu kennen, alles zu wissen und nehmen Veränderungen dann nicht wahr.

Ein Modell, das Empathie verständlicher macht, stammt von Premack und Woodruff (1978). Sie unterscheiden stark vereinfacht zwischen kognitiver Empathie und emotionaler Empathie. Kognitive Empathie braucht es, um Gedanken, Motive, Wünsche, Bedürfnisse, Gefühle des Gegenübers gedanklich nachvollziehen zu können. Es gilt also, Verständnis für den anderen Menschen zu gewinnen. Emotionale Empathie bezeichnet die Fähigkeit, sich in jemand anders hineinfühlen zu können. Dadurch können wir auf dessen Emotionen, Handlungen, Verhaltensweisen reagieren und zum Beispiel Mitleid aufbringen oder trösten.

Je besser die Selbstwahrnehmung, je stärker wir eigene Emotionen spüren und erleben können, desto empathischer können wir sein, wenn wir dazu bereit sind.

Empathie sowie Scham- und Schuldempfinden gehören also wirklich zusammen und sind eng miteinander verwoben.

Wenn Sie mehr über sich und die eigene Empathie erfahren wollen, beantworten Sie die folgenden vier Fragen.
Woran erkennen Sie Ihre Bereitschaft zur Empathie?

Bei welchen Menschen fällt es Ihnen leicht, empathisch zu sein?

Welche Voraussetzungen brauchen Sie selbst, um empathisch sein zu können?

Welche Gefühle, Gedanken, Verhaltensweisen anderer Menschen können Sie leicht nachvollziehen und mitempfinden?

Der Einfluss von frühkindlichen Erfahrungen

Die Entwicklung von Scham- und Schuldempfinden wie von Empathie braucht einen sicheren Rahmen. Die möglichst liebevolle und verlässliche Versorgung durch die Eltern oder andere nahe Bezugspersonen führt dazu, dass wir uns auch später im Leben angenommen und geborgen fühlen können. Verlässlichkeit meint neben der emotionalen Sicherheit, dass sich die Eltern wirklich kümmern. Damit ist nicht nur die Versorgung mit Nahrung und Kleidung gemeint, sondern auch emotionale Wärme durch liebevolle Blicke und warmherziges Sprechen. So entsteht Sicherheit und Urvertrauen im Leben eines Menschen. Scham- und Schuldempfinden, Empathie haben einen sicheren Rahmen, in dem sie sich entfalten können. Wir können diesem Rahmen vertrauen und lernen, unsere individuellen Reaktionen, Emotionen wie Scham und Schuld gut kennen.

Bei Frustrationen, Ablehnung und mangelnder Versorgung kann sich unsere angeborene Sensibilität in Verletzlichkeit verwandeln. Diese Verletzlichkeit spüren wir oft als körperliches Unbehagen, inneren Stress. Für die frühen ungünstigen Erfahrungen fehlen uns oft die Worte. Die Sprache, die Fähigkeit, Dinge in Worte zu fassen, uns verständlich zu machen, entwickelt sich erst später in der Kindheit. Deshalb reagieren viele Menschen auch eher sprachlos, wenn sich die frühen emotionalen Verletzungen melden. Man kann also gar nicht genau sagen, was los ist. Es fühlt sich nur nicht gut an. Und das gilt auch später als erwachsener Mensch in aktuellen Situationen.

Natürlich können Eltern nicht immer unmittelbar reagieren. Ein Kind muss lernen, dass kleine Alltagsfrustrationen zum Leben dazugehören. Ein kurzes

Schreienlassen richtet deshalb keinen Schaden an, sollte aber keineswegs das grundsätzliche Versorgungsmotto darstellen. Manchmal können Eltern jedoch ihr Neugeborenes nicht angemessen versorgen. Gründe dafür können eigene Erkrankungen oder Abwesenheiten aus beruflichen Gründen sein. Auch die fehlenden Erfahrungen von liebevoller Wärme durch die eigenen Eltern lassen Eltern mitunter wenig emotional oder fürsorglich reagieren. Sie wissen es schlicht nicht besser und können selbst kaum wahrnehmen, was denn fehlt, weil sie selbst emotionale Wärme und Geborgenheit so nicht erfahren haben. Sie können sich dann weniger in Babys einfühlen, weniger auf diese eingehen. Dennoch versuchen auch diese Eltern oft, die anderen Rahmenbedingungen wie Nahrung und Wärme sicherzustellen. Nur wirkt das gelegentlich etwas mechanisch. Für ein Baby, das darauf angewiesen ist, dass die Eltern die Bedürfnisse liebevoll befriedigen, sind das besonders schwierige Startbedingungen.

Was wissen Sie über die Zeit rund um Ihre Geburt? Schreiben Sie hier die Besonderheiten auf. Vielleicht können Sie Ihre Eltern oder andere Angehörige (Geschwister) noch befragen?

Wie sind damals Ihre Eltern groß geworden?

Wie Grundbedürfnisse und frühes Scham- und Schulderleben zusammenhängen

Eltern unterstützen anfangs die Befriedigung der Grundbedürfnisse und können die Selbstverständlichkeit dieses Tuns vermitteln. Kommt es jedoch zu häufigen oder traumatischen Frustrationen von Grundbedürfnissen, kann es für Menschen auch später im Leben mühsam sein, sich zum einen die eigenen Bedürfnisse einzugestehen und zum anderen dafür zu sorgen, dass sie erfüllt werden. Es fehlt schlicht ein wichtiges Programm im Leben. Sich jedoch um seine Grundbedürfnisse kümmern zu können, ist bedeutsam für die eigene Selbstfürsorge und Gesundheit.

Jede Person, ob klein oder groß, hat Grundbedürfnisse. Je jünger wir sind, desto angewiesener sind wir darauf, dass unsere erwachsenen Bezugspersonen uns helfen, diese zu befriedigen. Neben der Nahrung, dem räumlichen Schutz, angemessener Wärme brauchen wir alle auch zwischenmenschliche und emotionale Versorgung.

Die Grundbedürfnisse

Es gibt viele Konzepte zu den Grundbedürfnissen (zur psychologischen Forschung vgl. Lammers 2016, S. 18 ff.). Diese unterscheiden sich hauptsächlich in der Anzahl der Bedürfnisse. Einigkeit gibt es bei den Bedürfnissen:

- nach Bindung und Kontakt
- Lustgewinn oder Unlustvermeidung
- Selbstwertschutz, Selbstwerterhöhung Selbstwertbehauptung
- Grenzen, Kontrolle, Orientierung
- Autonomie

Zum besseren Verständnis gehen wir hier ein wenig ausführlicher (nach Epstein 1990 und Grawe 2004) auf die Grundbedürfnisse ein.

Bindung und Kontakt

Wir sind soziale Wesen, deshalb braucht jeder Mensch Kontakt und enge Bindungen zu anderen Menschen. Bereits als Neugeborenes ist die liebevolle körpernahe Versorgung durch die Mutter die erste Erfahrung von Bindung.

Mit guten Bindungserfahrungen und Urvertrauen ausgerüstet, bewältigen wir auch anstrengende Lebensphasen besser. Was es braucht, um das Bedürfnis zu sättigen? Emotionale Nähe zu Menschen, die sich in einer Umarmung, einem Telefonat, einem kleinen Gruß zeigen kann. Interesse von anderen Menschen, Interesse für andere Menschen und vieles mehr.

Was fällt Ihnen zum Thema Bindung und Kontakt ein? Ergänzen Sie ein paar Stichworte:

Lustgewinn oder Unlustvermeidung

Die Lust zu spielen, zu genießen, spontan etwas zu unternehmen, ist uns angeboren. Wir brauchen Freude im Leben. Genauso versuchen wir gern, Dinge zu vermeiden, die uns keine Freude machen. Das erkennen wir im Alltag daran, dass so manche Pflicht, wie den Geschirrspüler ausräumen, die Steuererklärung machen, gern aufgeschoben wird.

Zum Lustgewinn gehören auch Aktivitäten, die man nur aus Spaß an der Freude und weniger aus perfektionistischem Interesse heraus tut. Im Auto oder unter der Dusche singen zum Beispiel. Für die Befriedigung dieses Bedürfnisses braucht es Hobbys und Zeit. Zeit, um Spaß zu haben, ausgelassen zu sein, den Tee oder gutes Essen zu genießen, sich zu bewegen. Aber auch erledigte Pflichten machen Spaß – die Erleichterung über die abgegebene Steuererklärung kennen viele.

Was fällt Ihnen zum Thema Lustgewinn ein? Ergänzen Sie spontane Stichworte:

Selbstwertschutz, Selbstwerterhöhung und Selbstwertbehauptung

Der Selbstwert eines Menschen zeigt sich im Grundverständnis seiner selbst. Ein guter Selbstwert zeigt sich darin, dass Personen wissen und fühlen können, dass sie »gut sind, wie sie sind« und wissen: »Ich werde geliebt, wie ich bin«. Sie haben Lob und Unterstützung sowie konstruktive Kritik erfahren und können damit gut umgehen. Ihnen fällt es leicht, den eigenen Selbstwert bei unangebrachter Kritik zu schützen. Sie können unterscheiden, wie und weshalb jemand etwas sagt und tut – nehmen Dinge einfach nicht persönlicher als es sein muss. Genauso elementar sind die wohlwollenden Erfahrungen durch eine warmherzige und respektvolle Umwelt. Sie stellen die Grundlage für den Schutz und Erhalt des Selbstwertes dar.

Was ist für Sie beim Thema Selbstwert wichtig? Schreiben Sie sich gern Stichworte dazu auf.

Grenzen, Kontrolle, Orientierung

Dieses Grundbedürfnis zeigt sich darin, dass schon Kinder sich selbst erleben wollen. Etwas »alleine zu machen«, es zumindest zu probieren, ist für Menschen wichtig. Die Umwelt muss dabei zu einem gewissen Maß kontrollierbar sein und klare Grenzen haben. Eigene Grenzen sollten geschützt und respektiert werden. Erwachsene, die Orientierung, Unterstützung und Schutz bei der Bewältigung von Herausforderungen geben, helfen. Klar kommunizierte Grenzen und Regeln auch.

Was hilft Ihnen dabei, das Bedürfnis nach Grenzen und Orientierung zu befriedigen? Machen Sie sich gern Notizen:

Autonomie

Dieses Grundbedürfnis wird am häufigsten falsch verstanden, denn damit ist keineswegs gemeint, dass man in völliger Freiheit und Unabhängigkeit von Bindungen und anderen Menschen lebt. Nein, vielmehr geht es genau um das, was uns Kinder vermitteln, wenn sie sagen: »alleine machen«. Sie wollen etwas üben und können, denn dann können sie entscheiden, ob sie es selbst machen oder ob Erwachsene helfen dürfen. Erst dann entsteht wirkliche Freiheit: Man kann sich auf Kontakte, Hilfe und Unterstützung einlassen und man kann entscheiden, ob man lieber die eigenen Fähigkeiten nutzen möchte.

Wann ist Ihr Bedürfnis nach Autonomie gesättigt? Schreiben Sie sich hier gern dazu ein paar Notizen auf:

Grundbedürfnisse tauchen täglich und immer wieder auf. Das ist wichtig zu wissen, denn oft schleichen sich Überlegungen ein, dass, wenn ein Bedürfnis wirklich befriedigt sei, man endlich »Ruhe« habe. Nein, jeden Tag aufs Neue gilt es einen Weg zu finden, seine aktuellen Grundbedürfnisse zu befriedigen. Sich darum selbst kümmern zu können, ist ein wichtiger Aspekt erwachsenen Verhaltens.

Veränderungen von Lebenssituationen führen oft dazu, dass sich das Verhältnis zu Grundbedürfnissen verändert. Bei einer Trennung kann sich das Grundbedürfnis nach Kontakt und Bindung schmerzlich melden, obwohl es viele Menschen im Umfeld gibt, die auch dieses Bedürfnis befriedigen. Ein plötzlich eintretender Verlust der Arbeitsfähigkeit oder des Arbeitsplatzes lässt den Wunsch nach Selbstwertschutz und -erhöhung ganz wichtig werden.

Mangelnde Selbst(für)sorge

In der Therapie erzählen Patienten immer wieder, wie selbstverständlich es ihnen fällt, sich um andere zu kümmern, für deren Wohl zu sorgen. Sie haben feine Antennen dafür, was ihre Mitmenschen brauchen, damit es ihnen gut geht. Oft fehlt ihnen jedoch der Zugang zu ihren eigenen Bedürfnissen. Sie wissen nicht, wie sie selbst gut für sich sorgen können. Menschen mit problematischem Schulderleben, also Menschen, die häufige und intensive Schuldgefühle haben, tragen oft eine hohe Verantwortung für andere. Verantwortung für sich selbst zu übernehmen, fällt ihnen hingegen schwer.

Welche Grundbedürfnisse sind für Sie wirklich wichtig?

Weshalb sind genau diese wichtig? Was wissen Sie darüber, wie diese Bedürfnisse in Ihrer Kindheit und Jugend befriedigt worden sind?

Die Fähigkeit zur Selbst(für)sorge ist nicht nur beeinträchtigt, wenn die Grundbedürfnisse im frühen Kindesalter vielleicht zu wenig beachtet wurden, sondern auch, wenn ihnen zu viel Aufmerksamkeit geschenkt wurde. Während die Bedürfnisse eines Babys im ersten Jahr nach der Geburt kaum überversorgt werden können, verhält es sich später anders. Gewöhnen sich Kinder daran, dass ihre Bedürfnisse zu jeder Zeit und immer durch die Eltern erfüllt werden, entsteht häufig eine Anspruchshaltung an das spätere Umfeld, das es den Eltern möglichst gleichtun soll. Manchmal findet sich so ein Beziehungspartner oder Freunde teilen sich die Versorgung. Häufiger jedoch stößt diese Erwartungshaltung irgendwann auf Unmut und Unwillen, das »verwöhnte Kind« weiter zu bedienen.

Besonders fatal ist jedoch die Tatsache, dass das Kind durch die gut gemeinte Überversorgung der Eltern gar nicht in die Verlegenheit gekommen ist, selbst zu lernen, wie es eigene Bedürfnisse befriedigen kann. Es ist aber auch nicht in der Lage, Bedürfnisse zurückzustellen. Wir wissen alle, dass wir im Leben mal eigene Bedürfnisse zurückstellen sollten, wenn wir zum Beispiel eine Beziehung zu einer anderen Person nicht gefährden und ihr das Signal geben wollen, dass sie jetzt wichtiger ist. Dafür braucht es Strategien im Umgang mit Frustrationen und das Wissen, dass ich auch später noch meine eigenen Bedürfnisse befriedigen kann. Wer beides nicht hat, für den ist der Aufprall in eine Realität, in der andere Menschen des Umfeldes sich anders verhalten als die Eltern, ganz schön hart. Der Widerspruch zwischen Kindheitserfahrungen und Erwachsensein kann ziemlich groß sein und das Leiden an den unbefriedigten Bedürfnissen entsprechend auch.

Gab es in Ihrem Leben Überversorgung?

....

....

Wie gehen Sie heute damit um?

....

....

....

Bedürfnisse und Emotionen bilden ein Team

Grundbedürfnisse und Emotionen stehen in einem besonderen Zusammenhang. Angenehme Emotionen zeigen uns, dass unsere Grundbedürfnisse befriedigt sind. Wir fühlen uns wohl, können Geborgenheit oder Freude erleben. Geborgenheit und Freude zeigen dann zum Beispiel an, dass unsere Bedürfnisse nach Bindung und Kontakt oder Lustgewinn für den Moment wirklich erfüllt sind. Unangenehme Emotionen wie Schuld, Scham, Trauer zeigen dagegen, dass unsere Grundbedürfnisse unbefriedigt geblieben sind. Wir fühlen uns unwohl. Unser Organismus hat also diese ganz einfache Formel für uns parat. Fühlen wir uns wohl, erleben wir angenehme Gefühle, sind auch die Bedürfnisse gesättigt. Kommen unangenehme Emotionen auf, ist es klar, dass das aktuelle Bedürfnis oder mehrere Bedürfnisse unbefriedigt geblieben sind.

Die nachfolgende Übersicht soll das mit einigen Beispielen verdeutlichen. Jeder Mensch ist individuell, deshalb können bei Ihnen auch andere Emotionen entstehen. Vielleicht mögen Sie schon jetzt darüber nachdenken, welche das sein können? Wenn Sie mögen, können Sie auch die Emotionsliste im Anhang nutzen (S. 211).

Grundbedürfnisse und ihre emotionalen Wegweiser

Grundbedürfnis	Angenehme Emotionen, die sich zeigen, wenn das Bedürfnis befriedigt ist	Unangenehme Emotionen, die sich zeigen, wenn das Bedürfnis unbefriedigt ist
Bindung, Kontakt	Geborgenheit, Liebe	Trauer, Angst, Scham
Selbstwert	Stolz, Zufriedenheit	Ärger, Schuld
Lustgewinn	Spaß, Freude	Unmut, Groll
Grenzsetzung, Orientierung, Kontrolle, Autonomie	Sicherheit, Zuversicht	Unsicherheit, Angst
...	...	...

Wie man die eigenen Grundbedürfnisse befriedigen kann, lernt man idealerweise im Laufe seines Lebens. Dabei verändern sich auch die Dinge, die Bedürfnisse befriedigen können. Das Spielen im Sandkasten mit anderen Kindern kann große Freude bereiten. Als Erwachsene spielt man vielleicht lieber ein Gesellschaftsspiel oder genießt den warmen Tee in der Küche der Freundin. Hat man die Befriedigung der eigenen Bedürfnisse nicht wie selbstverständlich gelernt, kann man das jedoch nachholen. Sich auszuprobieren und zu schauen, was welche Wirkung hat, kann auch im Erwachsenenalter sehr bereichernd sein. Das können wir überall lernen. Kinder beobachten, mit ihnen spielen oder einfach mal Dinge ausprobieren, an denen unsere

Freunde beispielsweise Freude haben. Emotionen können dabei Wegweiser sein, ob uns das, was wir gerade erleben oder tun, guttut.

Wir brauchen Emotionen in jeder Ausprägung, angenehme genau wie unangenehme. Nicht umsonst gibt es eine große Menge davon (siehe unsere Emotionsliste im Anhang). Emotionen liefern wichtige Informationen für uns. Sie zeigen uns, ob unser Grundbedürfnis für den Moment ausreichend erfüllt wurde oder auch nicht.

Ein Leben ohne Emotionen ist kaum vorstellbar. Scham und Schuld sind auch Emotionen, die uns wesentliche Informationen für unsere seelische Gesundheit liefern. Spannenderweise gibt es scheinbar mehr Worte und Empfindungen für negative Emotionen als positive. Das macht Sinn, wenn wir bedenken, dass die Versorgung von Bedürfnissen unsere seelische und körperliche Gesundheit sicherstellt.

Scham und Schuld als kurzfristige angemessene Emotionen zeigen uns durch ihre unangenehm empfundene Qualität an, dass unsere aktuellen Grundbedürfnisse ungesättigt und unbefriedigt geblieben sind. Scham und Schuld signalisieren uns also, dass wir uns um unsere Bedürfnisse zeitnah kümmern sollten. Gut ist, wenn wir wissen, welche das sind und wie das geht. Genauso wichtig ist es, Bedürfnisse mal aufschieben zu können und die Emotion aushalten zu können, denn nicht immer ist es angemessen, zuerst für sich zu sorgen. Manchmal lohnt es sich abzuwägen, ob es stattdessen nicht besser ist, sich zurückzunehmen. So können wir im Alltag dafür sorgen, dass es uns auch längerfristig gut geht. Eine Regel lautet: Befriedigen wir das aktuelle Bedürfnis, klingt die Emotion ab. Oft reicht schon die Einsicht, was wir brauchen, und die Intensität von Scham und Schuld nimmt ab.

Leiden wir unter quälendem, lang anhaltendem und kaum zu beendendem Scham- und Schulderleben, kann dies ein wichtiger Hinweis darauf sein, dass in der Kindheit unsere Grundbedürfnisse oft nicht befriedigt werden konnten. Mit dieser Erkenntnis ist noch keine Entlastung verbunden, denn die Bedürfnisse sind meist nicht zugänglich. Manchmal fällt auf, dass bestimmte Bedürfnisse eine ziemlich große Rolle im Leben spielen. Das ist zum Beispiel der Fall, wenn Bindung und Kontakt weniger gut gelingen, dann betonen Menschen nach außen hin gern die eigene Autonomie. Dann hilft es, sich ein Herz zu nehmen und sich professionelle Unterstützung zu suchen. Sie sind damit keineswegs alleine. Es gibt viele Gründe, weshalb Grundbedürfnisse von Kindern unbefriedigt oder gar frustriert worden sind. Daran kann man auch später arbeiten und zukünftig lernen, für sich besser zu sorgen, als damals für das Kind gesorgt wurde.

Auswirkungen auf das Selbstwerterleben

Bindungserfahrungen haben einen entscheidenden Einfluss auf das Selbstwerterleben. Der Selbstwert beginnt sich im Kontakt mit anderen Menschen zu entwickeln. In der Regel sind das die nahen Bezugspersonen wie Mutter und Vater. Die ersten Auseinandersetzungen beginnen mit der Signalisierung von Grundbedürfnissen. Das Schreien eines Babys kann Hunger heißen, aber auch den Wunsch nach Wärme, Kälte, Schmerzlinderung oder Körperkontakt bedeuten.

Bindung ist für uns soziale Wesen das elementarste Bedürfnis. Babys brauchen Körperkontakt. So wird das erste und wichtigste Bedürfnis nach Bindung gesättigt. Liebevolle Blicke und wohlwollende Worte unterstützen die Sättigung. Wird das Bindungsbedürfnis angemessen gestillt, entstehen Urvertrauen und Sicherheit in Bezug auf zwischenmenschliche Kontakte.

Wie viel Körperkontakt und liebevolle Zuwendung ein Kind braucht, ist individuell verschieden. Es gibt grob gesagt im ersten Jahr kein Zuviel an Bindung. Babys signalisieren, wann es ihnen reicht. Mit ein bisschen Sensibilität und Bereitschaft ausgestattet, lernen Eltern, ihr Baby zu verstehen. Ängstlich veranlagte Kinder brauchen vielleicht ein bisschen mehr Ermutigung als sichere Kinder.

In der Bindungsforschung (z. B. Bowlby 2019) wurden die unterschiedlichen Bindungsstile von Kleinkindern durch Beobachtungsstudien erforscht. Die Versorgung des Babys wirkt sich auf sein Bindungsverhalten aus. Beschrieben werden sichere, unsicher-vermeidende, ambivalent-vermeidende und desorganisierte Bindungsstile. Zu wenig und zu wenig verlässliche Versorgung spielen eine wichtige Rolle bei der Entwicklung unseres Selbstwertes.

Natürlich spielt auch die genetische Anlage eine Rolle. Jedoch entscheiden die ersten Erfahrungen und können bereits heilsam sein oder verändernd wirken. Die stabilste Veranlagung kann durch emotionale Vernachlässigung beeinträchtigt werden. Eine sensible Veranlagung lässt sich durch eine einfühlsame, verlässliche und liebevolle Versorgung stabilisieren.

Frühe, anhaltende oder dramatische Frustrationen der Grundbedürfnisse führen dazu, dass Kinder die Idee von sich entwickeln, nicht liebenswert, gar anders zu sein.

Scham entsteht damit vor Schuld. Gerade ganz frühe Frustrationen der Bedürfnisse nehmen wir ja erst einmal nur als körperliches Unbehagen, inneren Stress wahr. Reifen jedoch das Gehirn und damit einhergehend unsere Denk- und Sprachfähigkeiten, versuchen wir das Unbehagen, eigentlich uns selbst zu verstehen. Kinder sind egozentrisch und so ist auch ihr Denken. Alles hat was mit ihnen selbst zu tun. Je jünger sie sind, desto weniger können sie andere Sichtweisen und Bedürfnisse verstehen oder verarbeiten. Das heißt aber auch: Weil Kinder vor allem sich selbst im Mittelpunkt sehen, liegt die Schlussfolgerung, dass mit ihnen selbst etwas nicht stimmen kann, für sie sehr nahe. Das gilt insbesondere, wenn ihre Bedürfnisse von außen nicht befriedigt werden. Kinder sind dann noch mehr auf sich selbst angewiesen, im Handeln, Denken und Fühlen.

Hat sich erst einmal das Unbehagen eingeschlichen, dass etwas mit einem nicht stimmt, wird ein Kind mit der Annahme groß, die Daseinsberechtigung »beweisen« zu müssen. Für Kinder mit fürsorglichen Bezugspersonen sind Sätze wie »Ich bin gut, wie ich bin«, »Ich werde geliebt, wie ich bin« selbstverständlich. Für Kinder, die um ihre Daseinsberechtigung kämpfen, heißen diese Sätze: »Wenn ich viel leiste, werde ich geliebt«, »Ich muss mich um andere kümmern, um gemocht zu werden«, »Man wird geliebt, wenn Strafe und Abwertung ausbleibt«.

Überlebensstrategien und ihre Kosten

Es gibt Menschen, die versuchen, der früh vermittelten Erfahrung, nicht geliebt zu werden, aus dem Weg zu gehen. Sie betonen, wie bereits ausgeführt, dass ihnen Freiheit und Unabhängigkeit wichtiger sind als unbefriedigende zwischenmenschliche Kontakte. Sie legen großen Wert auf ihre Selbstständigkeit. Das ist eine Überlebensstrategie, die es ihnen möglich macht, sich im Leben zu behaupten, ohne noch mehr verletzt zu werden.

Andere wiederum versuchen, sich Herausforderungen ganz zu verweigern, indem sie sich als hilflos darstellen und Verantwortung so oft wie möglich von sich weisen. Auch das zeigt zumeist, dass es um den Selbstwert eines Menschen nicht gut bestellt ist. Dieser ist vermutlich ganz fragil und zerbrechlich. Menschen, die sich selbst für unfähig halten und am liebsten alles anderen überlassen, machen aber auch nicht die Erfahrung, sich im Alltag behaupten zu können. So entstehen langsam ein grundsätzlich mangelndes Selbstwertgefühl und die Vorstellung, im Leben kaum zurechtzukommen. Ein mangelndes Selbstwertgefühl ist dann besonders hartnäckig.

Hinter häufigem, chronischem Schulderleben, ewigem Grübeln über das eigene Versagen steckt fast immer früh entstandene Scham.

Die Intensivierung von Scham- und Schuldgefühlen durch Grübeln

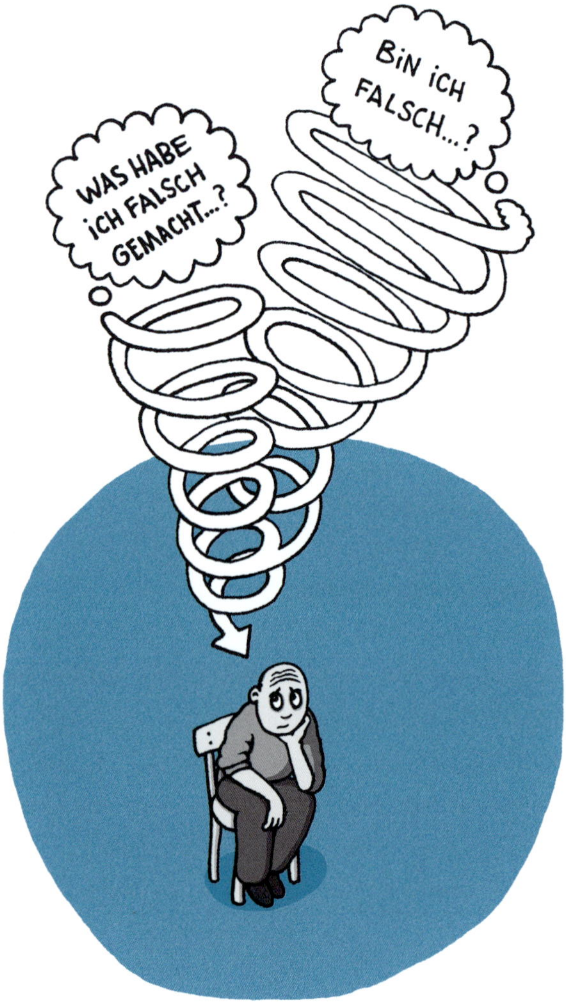

Weil das Nachdenken über mögliche Schuld zu keiner Verbesserung führt, sondern meist das unangenehme Erleben noch vergrößert, ist es wenig sinnvoll. Viele Menschen denken, dass man mit sorgfältiger Analyse Probleme lösen kann. An dieser Stelle ist das Gegenteil der Fall. Die emotionale Belastung wird stattdessen größer und der Selbstwert nimmt immer mehr Schaden. Ein Teufelskreislauf, aus dem es kaum ein Entrinnen gibt (siehe auch das Kapitel »Denken kann helfen, muss aber nicht hilfreich sein«).

Je häufiger man sich mit der Frage beschäftigt, was man falsch gemacht hat, desto mehr Möglichkeiten tun sich auf. Die einzige Gemeinsamkeit aller Möglichkeiten ist die eigene Person, sodass man sich mit jeder neuen Überlegung letzten Endes nur selbst in den Mittelpunkt rückt. Damit wird das eigene emotionale Erleben von Scham und Schuld immer intensiver.
Mit einem beeinträchtigten Selbstwert groß zu werden, ist schwer. Viele Betroffene versuchen, sich besonders korrekt zu verhalten. Niemand soll die Schwächen, die Bedürftigkeiten und Unzulänglichkeiten entdecken. Kritik oder Bloßstellung von außen treffen sie sehr, denn der angeschlagene Selbstwert verträgt nicht noch mehr Kritik. Schnell schämen sich die Menschen, verteidigen sich oder greifen gar andere an, frei nach dem Motto »Angriff ist die beste Verteidigung«. Natürlich wollen auch Menschen mit einem weniger stabilen Selbstwert möglichst scham- und schuldfrei durchs Leben gehen. Deshalb übernehmen sie mehr Verantwortung, sind besonders auf Korrektheit mit den Mitmenschen bedacht, kennen Regeln und Normen genau, berufen sich auf diese, sagen gerne: »Das macht man nicht«. Dahinter steckt jedoch die Befürchtung »als Mogelpackung«, »in der Unzulänglichkeit« erkannt zu werden. Sie sind kritiksensibel, zeigen nur wenig von sich, wirken auch oft überbetont sachlich, wenig emotional oder sehr emotional. All die Bemühungen, früh entstandenes Scham- und Schulderleben zu verbergen, führt dazu, dass es viel Kraft und Anstrengung kostet. Menschen sind erschöpfter, angestrengt und leider auch anfälliger für psychische und körperliche Erkrankungen.

Ein kleines Gedankenexperiment hilft vielen unserer Patientinnen und Patienten im Alltag.

Stellen Sie sich vor, dass Emotionen eine bestimmte Farbe haben. Jede Emotion hat eine eigene Farbe. Stellen Sie sich zum Beispiel vor, dass ein beeinträchtigter Selbstwert und Scham die Farbe »Rot« haben. Es gilt also, Rot im Leben zu vermeiden, denn ein schlechter Selbstwert und Scham sollen möglichst nirgendwo im Leben auftauchen oder erkennbar sein. Das ist aber kaum möglich, denn Rot ist Bestandteil vieler Farben und je genauer man sich umsieht, desto mehr Rot kann man erkennen. Jeder, der mal versucht hat, eine Farbe durch Übermalen zu verstecken oder unkenntlich zu machen, weiß, wie schwer das ist. Rot schimmert irgendwie immer durch. Eigentlich hilft es nur, das Rote mit Schwarz zu übermalen. Dann sieht man jedoch kaum noch Farben. Das Leben wird trister und immer anstrengender.

Mit einem so entstandenen beeinträchtigten Selbstwert groß zu werden, ist besonders schwer. Zwar haben diese Menschen von außen betrachtet besondere Fähigkeiten, doch ist es ihnen fast nicht möglich, Lob und Anerkennung anzunehmen und wertzuschätzen. Gern spielen sie Lob und Anerkennung herunter, obwohl sie zeitgleich große Verantwortung tragen und sich intensiven Anstrengungen aussetzen. Typischerweise haben sie im Leben viel geschafft. Früh entstandene Scham und Schuld versuchen sie als Erwachsene im Alltag gut zu verbergen.

Mitunter wirken selbstunsichere Personen als seien sie mit großem Selbstbewusstsein ausgestattet. Nichts kann sie und ihren Selbstwert erschüttern. Sie wirken fast ein wenig unflexibel auf andere, denn zeitgleich nagt oft die Befürchtung an ihnen, bloßgestellt, beschuldigt oder verurteilt zu werden. Sich selbst als nicht gut genug zu erleben, ist schon schlimm genug. Schlimmer noch ist es, von außen darauf aufmerksam gemacht zu werden, denn das bedeutet, dass man es wirklich nicht gut genug gemacht hat.

Sowohl die Demonstration, alles alleine zu können, als auch die Verweigerung von Verantwortung sind im Erwachsenenalter leider oft weniger hilfreich. Die Folgekosten dieser Überlebensstrategien sind hoch. Das Problem des mangelnden Selbstwertgefühls lässt sich darüber nicht beseitigen. Was noch schwer wiegt ist, dass diese Menschen gar nicht wissen, wie sie die eigenen Bedürfnisse befriedigen können. Es gibt Patienten, die sagen, dass sie innerlich kaum die Erlaubnis spüren, für sich und die eigenen Bedürfnisse zu sorgen. Das macht ziemlich traurig, denn ohne Selbstfürsorge und Möglichkeiten, die eigenen Bedürfnisse angemessen zu befriedigen, ist die seelische Gesundheit gefährdet. Lesen Sie dazu auch das folgende Beispiel:

BEISPIEL Frau G. kommt völlig erschöpft in die Therapie. Ihr Arbeitgeber hat sie in den Urlaub geschickt, da er nicht mehr mit ansehen konnte, wie müde sie morgens immer zur Arbeit kam. Frau G. ist empört, dass er ihre täglichen Überstunden nicht würdigt und sie außerdem noch gebeten hat, eine Therapie zu machen. Frau G. sagt, wenn die anderen ihre Arbeit richtig machen würden, dann müsse sie selbst nicht andauernd einspringen. Außerdem sei eine Kollegin schwanger, die habe nun wirklich anderes zu tun.

Frau G. ist offensichtlich engagiert und pflichtbewusst. Verantwortung hat sie schon früh zu Hause für die Geschwister übernommen. Die Mutter war nach den Geburten der drei jüngeren Geschwister immer wieder in Wochen-

bettdepressionen verfallen. Damals gab es noch keine Therapie. Der Vater arbeitete auf dem Bau und verbrachte immer mehr Zeit mit arbeiten. Das Feierabendbier mit den Kollegen war ihm wichtig und da musste jemand zu Hause ja für Ordnung sorgen.
Frau G. hat übersehen, dass ein Kind damit natürlich total überfordert ist. Sie hat sich durchgekämpft, so wie sie sich jetzt in den schwierigen Zeiten in der Firma durchkämpfen zu müssen glaubt. Das hat sie gelernt. Dazu gehört es auch, auf die anderen zu achten, es dem Chef recht zu machen. Kritik hält sie nur schlecht aus, denn sie gibt ja immer ihr Bestes. ×

Geschichten wie die von Frau G. hören wir oft im Therapiealltag. Natürlich stellt sich vordergründig vielleicht die Frage, ob Frau G. wirklich eine Therapie braucht. Ist es nicht ein bisschen unverschämt vom Chef, sie in die Therapie zu schicken? Ein engagierter Arbeitnehmer ist doch toll. Würden wir den Chef fragen, wird dieser vermutlich auch antworten: Klar, Frau G. ist eine sehr engagierte Arbeitnehmerin, aber wenn sie ihre Arbeit nicht mehr schafft, die Augen kaum noch aufhalten kann, immer mehr Fehler macht und explodiert, wenn man sie auf Fehler anspricht, ist das dann immer noch so gut? Und wie viel Freude wird es wohl machen, mit Frau G. zusammenzuarbeiten? Hätten Sie Lust, mit Frau G. an einem Schreibtisch zu sitzen? Sie nimmt Ihnen vielleicht die Arbeit ab, weil sie sich nicht traut, »Nein« zu sagen. Schafft sie die Arbeit aber nicht, ist sie mit sich unzufrieden und überfordert. Kann sein, dass sie alle Verantwortung auf sich nimmt, kann aber auch sein, dass sie sich vehement verteidigt – je nach Tagesform.

Wir alle kennen solche Mitmenschen. Gemeinsam sind ihnen ein fragiler, mangelnder Selbstwert und wenig Strategien für die eigene Selbstfürsorge. Denn dass sie nicht immer alles selbst machen müssen, dass sie sich auch um sich kümmern dürfen, können sie sich gar nicht vorstellen. Diese Menschen sind sich selbst nicht wichtig, erwecken aber den Anschein, sich wichtigmachen zu wollen. Mit diesem Vorwurf konfrontiert, fühlen sie sich völlig falsch verstanden. Womit diese Menschen ja wirklich recht haben.

Sich selbst wichtig zu nehmen, ist keineswegs ein egoistischer Akt, sondern eine überlebenswichtige Notwendigkeit, um die es gar kein Aufsehen braucht. Alle Menschen, jeder für sich, dürfen sich wichtig nehmen und für sich sorgen.

Menschen mit einem stabilen Selbstwert können und dürfen sich abgrenzen, »Nein« sagen. Ihnen dürfen Fehler passieren, sie können mit Kritik genauso umgehen wie mit Lob, nämlich konstruktiv. Das meint, dass sie in Kritik eine Entwicklungs- oder Lernchance für sich entdecken können und unangemessen (vorgetragene) Kritik zurückweisen können. Sie können zu dem stehen, was ihnen wichtig ist. Selbstfürsorge gelingt ihnen meistens gut. Wenn dafür mal keine Zeit ist, dann holen sie auf jeden Fall nach, was zu kurz gekommen ist. Sie nehmen Veränderungen gern an, wenn diese sinnvoll erscheinen. Urvertrauen in andere Menschen ist ihnen gegeben, sie geben anderen Menschen auch die berühmte zweite Chance.

Ein stabiler Selbstwert ist nicht mit dem zur Schau gestellten Selbstbewusstsein zu verwechseln. Wir alle erleben im Alltag Menschen, die nichts erschüttern kann, deren Werte und Normen fest zementiert und kaum diskutabel sind. Es kann der Vater oder die Großmutter sein, die ihre Familie wie ein kleines Unternehmen führen, aber nicht in Betracht ziehen, dass für die übrigen Familienmitglieder andere Dinge wichtig sein können. Es sind die Chefs oder die, die denken, dass ihnen ein besonderer Status zusteht. Zu Menschen mit einem zu stabilen Selbstwert schauen wir Menschen immer mal wieder gern auf. Richtige emotionale Nähe besteht aber kaum.

Großzügiges Wohlwollen eines Menschen mit einem zu stabilen Selbstwert kann sich gelegentlich wie echte Nähe anfühlen. Bei genauerem Hinsehen kann man sich aber auch fragen, ob es »dem Chef« nur darum geht, sich selbst als wohlwollend und gefällig darzustellen. Oft entsteht auch Ärger, Wut und Gereiztheit oder der Eindruck der Manipulation. Miteinandersein bedeutet auch, Kompromisse zu suchen, Interessen auszutauschen, das Gegenüber zu würdigen statt »überredet« oder mit Geschenken positiv gestimmt worden zu sein.

Aus der Therapie wissen wir, dass ein zu stabiler Selbstwert durchaus ein Selbstschutz sein kann, eine Art Überlebensstrategie. Dahinter steckt allzu oft ein unsicherer Mensch mit Selbstzweifeln, häufigem Scham- und Schulderleben sowie Ängsten.

Kennen Sie Menschen mit einem guten Selbstwert? Wer fällt Ihnen ein?

Was macht dessen Selbstwert aus? Weshalb wirkt der Mensch stabil?

Wie steht es um Ihren Selbstwert? Ist dieser stabil oder zu stabil? Wenn Sie unsicher sind, wie es mit Ihrem Selbstwert steht, lohnt es sich, Menschen, die Ihnen eine Rückmeldung geben dürfen, vorsichtig zu befragen.

Sind Ihnen eigene Überlebensstrategien aufgefallen?

Jemanden auf seinen Stolz und seine Würde anzusprechen, ist übrigens auch eine Art der Manipulation. Beide Emotionen haben für uns Menschen eine große Bedeutung. Die Aktivierung von Stolz und Würde kann dazu führen, dass wir uns bei Schuldvorwürfen rechtfertigen, auch wenn dieses keineswegs notwendig wäre. Oder wir fühlen uns zu Handlungen genötigt, um vermeintliche Schuld abzutragen. Der Wirkmechanismus, Schuld und Scham zu vermeiden, ist also immens.

An Scham erinnert zu werden, indem Stolz und Würde als Gegenspieler betont werden, verunsichert die meisten Menschen. Es ist im Alltag keineswegs nötig, an Stolz und Würde erinnert zu werden, denn wir verhalten uns ganz natürlich so. Die Erinnerung daran macht uns auf etwas aufmerksam, nämlich, dass Scham überall »lauern kann«, wenn wir nicht an unserer Würde festhalten oder auf unseren Stolz achten.

Die Gegenspieler zu Scham und Schuld

Sich konstruktive Kritik angeeignet und weiterentwickelt zu haben, kann berechtigten Selbststolz fördern. Ich als Person bin stolz auf mich und grundsätzlich mit mir zufrieden. Das ist ein typischer Ausdruck für einen guten und gesunden Selbstwert.

Selbststolz und Mitgefühl sind gute Gegenspieler zu Scham und auch Schuld. Sie schützen vor den unangenehmen Seiten der Emotionen, machen uns ein wenig immun. Allerdings sollten wir nicht übertreiben, denn wie oben ausgeführt, ist ein zu stabiler Selbstwert nicht gesund. Wir brauchen beide Seiten: Scham und Schuld einerseits und Selbststolz und Mitgefühl andererseits. Die Balance zählt. Wir erleben Schuld als deutlich weniger intensiv, wenn wir mit uns im Wesentlichen zufrieden sind. Auch Scham kann unser Selbstwerterleben weniger angreifen, wenn wir grundsätzlich über eine echte Form von Selbststolz und Zufriedenheit mit uns verfügen.

Wir unterscheiden dabei sogenannten Selbststolz von Verhaltensstolz. Selbststolz zielt wie die Scham auf die ganze Person, Verhaltensstolz auf das konkrete Verhalten, so wie die Schuld. Verhaltensstolz entwickeln wir, wenn wir erfolgreich waren, unsere Ziele erreicht haben.

Selbstsichere Menschen freuen sich über Lob, können sich selbst angemessen loben und von ihrem Stolz berichten. Mitmenschen freuen sich dann mit ihnen mit und so entstehen wertvolle Momente des Miteinanders und Zusammengehörigkeitsgefühle. Besonders intensiv können diese Erfahrungen sein, wenn sich Menschen länger kennen und die Stärken und Schwächen, Hürden im Leben oder Besonderheiten des anderen bekannt sind. Dann unterstützen diese Begleiter den Stolz und die Zufriedenheit noch stärker, weil sie noch besser verstehen und würdigen können, weshalb es wirklich Anlass zu Stolz und Freude gibt.

BEISPIEL Herr F. berichtet von einem Moment aus der frühen Vergangenheit. Er traf zufällig seinen Schulfreund wieder. Dieser wusste um die Lese- und Rechtschreibschwäche von Herrn F. In der Schulzeit hatte er die Auswirkungen dieser Lese- und Rechtschreibschwäche für Herrn F. mitbekommen. Er wusste, wie schwer es für Herrn F. war, Hausaufgaben zu erledigen oder zu lernen. Der Freund freute sich daher sehr für und mit Herrn F., als dieser hörte, dass er gerade sein Studium erfolgreich abgeschlossen hatte. Herr F. erzählte, dass ihn die echte Freude des Freundes »ansteckte« und er selbst noch ein bisschen stolzer auf den Studienabschluss war. Gemeinsam verbrachten sie dann den Abend, um über die alten Schulzeiten zu sprechen und auch über die aktuelle Lebenslage. Die neu belebte Freundschaft konnte so intensiviert werden. ×

Selbstfürsorge, Selbstliebe und Selbstakzeptanz

In diesem Kapitel soll es darum gehen, wie einzelne Schritte im Alltag aussehen können, die zur Stabilisierung des Selbstwertes beitragen. Dabei nutzen wir das Konzept der Selbstliebe und Selbstakzeptanz und bringen es in einen Dialog mit dem Begriff der Nächstenliebe.

Zwar ist das Ideal der Nächstenliebe vielen vertraut und wird gerne auf Freunde oder allgemein auf Mitmenschen bezogen – aber auf die eigene Person? Wer ist mein Nächster? Ich selbst? »Wer sich selbst nicht liebt, kann auch keinen anderen lieben« – dieser Satz klingt einleuchtend, aber wie geht beides zusammen? Kann ich meine Tasse Tee auf dem Balkon nach einem anstrengenden Arbeitsalltag genießen, wenn meine Nachbarin meine Hilfe beim Packen ihrer Umzugskartons benötigt? Kann ich denken »Du bist ein liebenswerter Mensch« und mich genüsslich an meinen Erfolgen erfreuen, wenn ich um die Not meines Freundes weiß, dessen Beziehung gerade zerbrochen ist, der unglücklich am Arbeitsplatz ist?

Was auf den ersten Blick egoistisch und herzlos erscheinen mag, sind wichtige Bausteine zum Erhalt und Aufbau eines stabilen Selbstwerterlebens, weil sie mein So-Sein fürsorglich schützen und bewahren helfen.

Wann habe ich zuletzt eine persönliche Auszeit genossen?

Von welchen Gedanken, Gefühlen und welchem Verhalten war diese geprägt?

Wie kann ich mir im Alltag positive Aktivitäten zur Bewahrung und Stärkung meines Selbstwertes schaffen?

Es geht hier auch um eine Akzeptanz vermeintlicher Schwächen und die Entwicklung einer realistischen Sicht auf das Selbst, fernab sozial erwünschter Ansprüche und überidealisierter Erwartungen. Den Moment mit sich genießen zu können, sich zu spüren und bei sich anzukommen, ist wesentlich für eine gute Selbstfürsorge.

Ansprüche, die an mein Leben von außen gestellt werden, entsprechen nicht immer und automatisch Dingen, die mir wirklich guttun, ein positives emotionales Erleben bewirken und meinen Selbstwert aufbauen. Oftmals sind es sozial erwünschte Verhaltensweisen, die überliefert und nahezu unhinterfragt übernommen werden, auch wenn sie manchmal überholt sind.

Aktuell boomen Achtsamkeitsseminare und wollen zu einem selbstfürsorglichen Umgang mit den eigenen Ressourcen und Stärken anregen. Grundannahme ist dabei, dass ein achtsamer Umgang mit mir selbst auch zu einem achtsamen Umgang mit meiner Umwelt und damit zu sozial erfüllenden Interaktionen führen kann. In die Psychotherapie wurde das Konzept der Achtsamkeit von Jon Kabat-Zinn (2019a, 2019b, 2019c) eingeführt. Er hat u. a. sehr erfolgreich uralte Meditationsregeln des Buddhismus bei Programmen zur Stressreduktion eingesetzt. Die Tatsache, dass so viele Menschen daraus Kraft für ihren Alltag tanken, zeigt, wie groß die Sehnsucht nach emotionaler Entlastung, Akzeptanz, Stille und selbstfürsorglichem Gewahrwerden in den einzelnen Individuen verankert ist. Religiöse Rituale und Symbole können den einzelnen Menschen auf diesem Weg unterstützen.

Was sind meine individuellen Kraftquellen?

Welche religiösen oder spirituellen Ressourcen geben meinem Leben Halt und Geborgenheit?

Wie kann ich diese einzelnen Elemente sinnvoll in meinen Alltag integrieren? Wann habe und nehme ich mir Zeit dafür?

Ziel dieser einfachen Fragen ist es, einen achtsamen, bedachten, selbstfürsorglichen und damit realistischen Umgang mit den eigenen Stärken und Schwächen zu finden. Die Einbettung in den Tagesablauf unterstützt eine erfüllte und befriedigende Alltagsgestaltung. Ihre zwischenmenschlichen Begegnungserfahrungen werden ebenfalls davon profitieren. Achten Sie auch sich selbst und gehen Sie achtsam mit sich um! Ihr Körper, Ihr Geist und Ihre Seele werden es Ihnen auf lange Sicht danken.

In den ersten Kapiteln des Buches sind wir ausführlich auf die Zusammenhänge zwischen Scham- und Schuld allgemein und informierend eingegangen. In den folgenden Kapiteln soll nun Ihr individuelles Scham- und Schuldempfinden und -erleben beleuchtet werden. Denken Sie bitte daran: Scham und Schuld sind Emotionen mit einem sozialen Charakter. Sie sind deshalb eingeladen, sich mit anderen Menschen auszutauschen. Wissen und Denken alleine kann zwar beim Kennenlernen der eigenen Reaktionen helfen, Veränderungen aber werden am ehesten im Austausch mit anderen Menschen möglich. Manch ein warmherziger und verstehender Blick kann eine Schamblockade schmelzen und quälendes Schulderleben abklingen lassen. Jeder kennt Scham und Schuld, jeder weiß um die Qualitäten. Deshalb ist das Ihnen entgegengebrachte Mitgefühl echt.

Nehmen Sie sich ernst und seien Sie aufmerksam, wenn Sie sich zu ernst nehmen und alle Verantwortung an sich ziehen. Dahinter könnte ein frühes Schamerleben und ein wenig ausgeprägter Selbstwert versteckt sein. Ein bisschen Abstand hilft, um zu prüfen, ob Sie wirklich für alles und jeden verantwortlich sind.

Natürlich werden wir Ihre Emotionen ansprechen, auch das, was dahinter liegt. Wir wissen, dass Emotionen schnell aktivierbar sind. Vielleicht haben Sie ein bisschen Angst davor?

Wenn Sie an überflutenden intensiven und immer wieder auftauchenden Scham- und Schulderleben leiden, können Sie selbst etwas tun. Wenn das nicht ausreicht, gibt es auch professionelle Hilfe für Sie. Sie dürfen und sollten sich wichtig nehmen.

Eine kurzer Notfallplan für intensive überflutende Emotionen:

- Tief durchatmen und versuchen Sie, Abstand zu nehmen, indem Sie zum Beispiel die Sitzposition in eine Stehposition verändern.
- Schreiben Sie den auslösenden Gedanken bzw. die Information auf, die das Scham- oder Schulderleben aktiviert hat.

- Suchen Sie nach der Lebensphase, in der der Auslöser für Sie eine große Wichtigkeit hatte.
- Machen Sie sich die Unterschiede zu damals klar. Was ist heute an Ihnen, an der Situation anders? Worauf können Sie vertrauen? Was ist sicher in Ihrem Leben?

Nun haben Sie den Abstand, den Sie brauchen.
Was an dem Erleben ist angemessen für die heutige Situation und wie groß ist der Teil, der in Ihre Vergangenheit gehört? Malen Sie einen Kreis und teilen Sie diesen in entsprechend große Stücke, wie Sie eine Torte teilen würden.

Hier ein Kreis als Vorlage für das anzufertigende Tortendiagramm

Ist der Notfallplan klar? Lesen Sie ihn ruhig ein paar Mal durch – solange bis Sie sicher sind. Sie können sich auch überlegen, mit wem Sie darüber

sprechen mögen. Es betrifft viele Menschen und ein Austausch über das, was Sie beschäftigt, kann sehr konstruktiv sein oder auch einfach mal nur ablenkend.

Mit etwas Übung werden Sie im Verlauf des Buches auch noch lernen, Scham und Schuld nur ein bisschen zuzulassen. Gerade so viel, dass Sie noch denken und handeln können.

Informationen aus der Zeit rund um die Geburt sammeln und ordnen

Informationen aus der Zeit der Geburt müssen die meisten Menschen erst einmal erfragen. Schön ist es, wenn die Eltern noch leben und Ansprechpartner sind. Ältere Geschwister, Großeltern, Tanten oder Onkel, die sich auch gekümmert haben, wissen bestimmt einiges zu berichten. Mitunter sind sie ganz erfreut darüber, wenn sie etwas so Persönliches erzählen können. Vielleicht wissen Sie aber bereits gut über die Besonderheiten rund um Ihre eigene Geburt Bescheid. Schauen Sie sich die folgenden Fragen an und versuchen, diese – gern auch mit Unterstützung – zu beantworten.

Gab es Besonderheiten, von denen mir erzählt wurde, als meine Mutter mit mir schwanger war?

....

....

....

Wie ist die Geburt verlaufen?

....

....

....

War ich ein Wunschkind, das Kind, das meine Eltern sich lange erhofft hatten, vielleicht auch nicht geplant, vielleicht das Kind nach einer Fehlgeburt oder nachdem ein Geschwister verstorben ist?

Wie habe ich durch meine Geburt die Welt meiner Eltern (und Geschwister) verändert?

Gab es einen Auftrag, den ich mit meiner Geburt bekommen habe? Sollte ich zum Beispiel meine Eltern versöhnen, die kleine Schwester sein, das Familienglück bestätigen?

In welche Lebenssituation wurde ich geboren? Wirtschaftlich, finanziell, emotional, kulturell usw.

Gab es politische Besonderheiten?

Hatte die Zeit, in die Sie geboren wurden eine Überschrift, wie z. B. Flower-Power?

Was war Ihren Eltern im Leben wichtig? Wie haben die Eltern gelebt?

Hatten Ihre Eltern ein gemeinsames Lebensmotto oder hatte jeder für sich ein eigenes und welches?

Wie war es für mich, Einzelkind, ältestes Kind, mittleres Kind oder jüngstes Kind zu sein?

Was durfte ich, was meine Geschwister nicht durften?

Wofür musste ich kämpfen? Fällt Ihnen ein kleines Beispiel ein?

Was waren typische Konflikte in meiner Familie? Was wurde mir dazu erzählt? Wer hat mir das erzählt?

Welche anderen Besonderheiten und Begebenheiten fallen Ihnen ein? Beispiel: Wochenbettdepression der Mutter; Vater, der beruflich viel unterwegs war; eine Tante oder ein Onkel, die sich auch intensiv um mich gekümmert haben; Oma, die ein Pflegefall war und mit im Haus gelebt hat, usw.

Unterstreichen Sie oder kreisen Sie die Informationen ein, die Ihnen wichtig erscheinen und die Hinweise auf Scham und Schuld liefern könnten.

Haben Sie Lust auf mehr bekommen? Dann haben wir noch eine Übung für Sie.

Sie können Ihr gesamtes Leben auf einer Zeitachse eintragen. Markieren Sie Ereignisse wie die Geburt, die Geburt des jüngeren Geschwisters, den ersten Kindergartenbesuch usw. Natürlich gehören auch weniger angenehme Ereignisse dazu, die Arbeitslosigkeit der Eltern, der Umzug, der Tod einer wichtigen Person.
Zu den einzelnen Lebensereignissen können Sie unterhalb der Linie Fotos von den jeweiligen Ereignissen aufkleben. Oberhalb der Linie ist ausreichend Platz für Stimmungen, kleine Erinnerungen, typische Emotionen, Freundschaften usw.
Ein Beispiel:

Geburt | Kita | Schule | Beerdigung der Großmutter | .... | .... | .... | .... | .... heute

Die familiären Werte und das eigene Verhalten

Etwas über die eigenen Besonderheiten in Bezug auf Scham und Schuld zu lernen, heißt auch, sich mit sich selbst, mit der eigenen Vergangenheit und mit dem eigenen Verhalten auseinanderzusetzen. Die ersten Kapitel des Buches mit den grundlegenden Informationen haben Ihnen vermutlich schon eine Ahnung vermittelt, wo Ihre Scham- und Schuldthemen liegen. Uns ist es besonders wichtig, dass Sie lernen, zwischen Scham- und Schuldempfinden zu unterscheiden und emotional angemessenes aktuelles Scham- und Schulderleben zu erkennen. Früh entwickeltes Scham- und Schuldmuster gilt es rechtzeitig und nachhaltig zu identifizieren.

Vergessen Sie nicht: Überflutende, quälende Scham und Schuld sind immer Hinweise darauf, dass die Grundbedürfnisse in der Kindheit nicht ausreichend befriedigt wurden. Sie sind der Stoff für diese sogenannten frühen Scham- und Schuldmuster, die wir in uns tragen. Die alten emotionalen

Erinnerungen melden sich in aktuellen Situationen, die manchmal nur ein kleines bisschen Ähnlichkeit mit frühen Kindheitserfahrungen haben und vermischen sich dann zu einer großen emotionalen Welle. Weil Scham und Schuld als wenig angenehm wahrgenommen werden, versuchen alle Menschen, dieses Erleben zu vermeiden. Tauchen die Emotionen dennoch auf, können wir sie stattdessen herzlich begrüßen. Sie liefern uns Informationen darüber, dass wir etwas brauchen, damit es uns gut geht.

Wir möchten Sie darin unterstützen, das eigene Scham- und Schuldempfinden schätzen zu lernen, weil es Ihnen hilft, mit anderen Menschen in Kontakt zu sein oder zu gehen oder diese zu verstehen. Menschen mit einem beeinträchtigenden Scham- und Schuldempfinden haben fast immer Probleme in der Nähe-Distanz-Regulation. Sie überschreiten zum Beispiel Grenzen anderer, weil sie diese nicht wahrnehmen können. Genauso kann es passieren, dass sie nicht so nahe in Kontakt mit sich und anderen kommen wie es möglich wäre.

Um nun ein bisschen mehr über sich zu lernen, versuchen Sie einmal, sich selbst zu beschreiben, auch wenn bei vielen Menschen ein wenig Sorge und Unsicherheit auftaucht, wenn sie sich selbst beschreiben sollen. Bitte probieren Sie es einfach. Das hat nichts mit Egozentrismus zu tun. Sie dürfen sich nicht nur ab und zu mit sich selbst beschäftigen. Sie sollten es sogar regelmäßig tun, um sich selbst weiterentwickeln zu können, um Scham und Schuld vorzubeugen. Dazu können Sie die folgenden Fragen beantworten. Wir beginnen in Ihrer Kindheit und nähern uns dann dem Hier und Jetzt an. Fragen, auf die Sie im Moment keine Antworten haben, lassen Sie einfach aus, vielleicht fällt Ihnen später noch etwas dazu ein.

Wie war mein Charakter als Kind? War ich sensibel, robust, ängstlich, draufgängerisch?

Wie sind meine Eltern mit mir umgegangen?

Worauf haben meine Eltern geachtet? Was haben sie mir beigebracht?

Waren bzw. sind meine Eltern sozial engagiert oder in helfenden Berufen? Beispiele: Arzt, Pflegerin, ehrenamtliche Flüchtlingshelfer usw.

Was habe ich gern gespielt? Beispiele: Puppenwagen schieben und den Teddy wickeln, Autorennen fahren, im Freien herumtollen und klettern usw.

Wie bin ich mit anderen Kindern umgegangen?

Wie ist es heute? Bin ich Ratgeber, Zuhörerin, Zuschauer, gehe ich schnell in Konkurrenz zu anderen, übernehme ich gern Verantwortung?

Was sagen mir andere Mitmenschen? Verbringen sie gern Zeit mit mir? Welche Aktivitäten sind das?

Welche Eigenschaften haben Menschen, mit denen ich mich gern umgebe? Beispiele: respektvoll, warmherzig, humorvoll, provokant, intellektuell usw.

Welche Gemeinsamkeiten aus unterschiedlichen Lebensbereichen gibt es? Beispiele: gemeinsame Aktivitäten, Interessen, den Status der Herkunftsfamilie, das Aufwachsen im ähnlichen System, die aktuelle Lebenssituation mit beispielsweise zwei Kindern usw.

Wie würden Sie Ihr Scham- und Schuldempfinden beschreiben? Welche Besonderheiten fallen Ihnen auf? Beispiele: sensibel, feine Antennen, warmherzig, umgänglich, verschlossen, wenig offen, schnell irritierbar usw.

....

....

....

Worin sind Sie in Kontakten mit Mitmenschen besonders sensibilisiert? Beispiele: Verantwortung übernehmen, Hilfe anbieten, loben, Fehler bei anderen suchen, auf Kritik warten usw.

....

....

....

Was bedeuten mir Menschen? Wie nehme ich diese wahr?

....

....

....

Fassen Sie nun zusammen:

Ich wurde als .... Kind geboren. Meine Eltern haben mir mitgegeben, dass ich in Kontakt mit anderen Menschen auf .... Wert lege und .... Meinen Eltern war das besonders wichtig, weil

....

....

Heute zeigt sich das darin, dass ich Menschen so begegne und zuerst ....

.... Mit Menschen, die ich mag, teile ich ....

Menschen mögen mich, weil ....

Ein Beispiel: Ich wurde als sensibles Kind geboren. Meine Eltern haben mir mitgegeben, dass ich im Kontakt zu anderen Menschen auf Ehrlichkeit und Gerechtigkeit Wert lege. Meinen Eltern war es wichtig, weil ich ein Einzelkind war. Sie wollten, dass ich gut mit anderen Kindern umgehe, zum Beispiel Spielzeug teile. Heute zeigt sich das darin, dass ich Menschen so begegne und zuerst darauf achte, wie es anderen geht und genau zuhöre. Mit Menschen die ich mag, teile ich meinen Humor und das soziale Engagement. Menschen mögen mich, weil ich gut zuhören kann und sie gern unterstütze.

Das ist nun Ihre Grundlage. Vereinfacht formuliert läuft dieses Programm im Hintergrund. Deshalb gehen Sie mit anderen Menschen so um, wie Sie es tun oder Sie versuchen es zumindest.

Welche Neigung mit Scham oder Schuld zu reagieren, hat sich entwickelt?

In diesem Kapitel können Sie Ihre emotionale Reaktionsbereitschaft kennenlernen. Vielleicht haben Sie dazu auch schon Ideen und Vorstellungen. Deshalb haben Sie vermutlich das Buch für sich entdeckt. Die meisten Menschen haben eine grundsätzliche Tendenz, entweder mit Scham oder Schuld zu reagieren.

Die Selbsteinschätzung

Eine Leitfrage ergibt sich aus dem wichtigsten Unterschied zwischen Scham und Schuld: Finde ich mich als Person grundsätzlich okay, dann neige ich vermutlich eher dazu, Schuld zu entwickeln. Ist mein Anspruch an mich als Mensch jedoch fordernder, lassen Erfahrungen und Ereignisse eher Scham entstehen. Die ursprünglich gute Idee, sich aus Scham als Mensch weiterzuentwickeln, ist Teil einer normalen und gesunden Persönlichkeitsentfaltung. Stehe ich mir aber besonders anspruchsvoll, gar streng und strafend gegenüber, neige ich vermutlich dazu, mich schneller als andere Menschen zu schämen. So erlebe ich mehr und intensivere Schammomente als andere.

Welche Tendenz sich entwickelt, ist neben der persönlichen Veranlagung aber auch durch das beeinflusst, was in meinem engsten Umfeld gelebt wurde. So können Frustrationen und ungesättigte Grundbedürfnisse eben auch entweder Scham oder Schuld aktivieren. Je nachdem, was wir auch in unserer Herkunftsfamilie gelernt haben. Eltern bringen ihre eigenen Tendenzen mit und geben diese über erzieherische Maßnahmen und Vermittlung von Werten weiter.

Natürlich hat auch das Geschlecht einen Einfluss, ob ich eher mit Scham oder Schuld reagiere. Männer erleben eher Schuld und suchen diese gern. Frauen neigen dazu, sich häufiger zu schämen und wollen diese Scham am liebsten verstecken. Genauso, wie viele Frauen gelernt haben, sich für Ärger und Wut zu schämen. Eltern reagieren auf wilde und rebellische Mädchen anders als auf wilde und rebellische Jungen. Dabei können es dieselben Eltern sein. Es macht einfach einen Unterschied, welche Erwartungen an ein Mädchen und an einen Jungen gestellt werden.

Ob sich die Tendenz, mit Scham oder die, mit Schuld zu reagieren, entwickelt hat, ist also von mehreren Bedingungen abhängig. Schauen Sie doch noch mal auf die Übersicht Seite 21 an. Nehmen Sie diese als Grundlage und beobachten Sie sich im Alltag. Sie können die Tabelle fortführen und sich am Ende des Tages oder der Woche hinsetzen und schlicht zusammenzählen. Was ist häufiger aufgetaucht? Scham oder Schuld?

Hören Sie sich zu

Genauso ist es möglich, sich bei den Selbstgesprächen zu belauschen. Wie und auf welche Art reden Sie mit sich selbst? Wohlwollend oder permanent korrigierend, warmherzig und ermutigend oder streng und bestrafend? Hören Sie einfach mal auf das, was Sie sich da so im Alltag selbst sagen.

Ermutigen Sie sich und entschuldigen Sie sich selbst, wenn mal Fehler passiert sind? Oder sind Sie eher strenger mit sich, machen Sie sich als Person für negativ ausgegangene Ereignisse verantwortlich? Neigen Sie dazu, an allem Schuld zu haben? Dann haben Sie sich selbst ausgetrickst. Sie versuchen, sich mit Schuld aus dem unangenehmen Schamerleben zu befreien, weil es vielleicht besonders belastend ist. Verantwortung und Schuld zu übernehmen, ist eine Strategie, um die eigentliche Tendenz, schnell intensive Scham zu entwickeln, zu überdecken. Leider läuft das Programm dennoch ab und schnell wird aus Schuld auch ein Gefühl grundsätzlicher Unzulänglichkeit, und die eigene Würde ist in Gefahr.

Was hören Sie sich zu sich selbst in guten Momenten sagen?

Auf welche Art und Weise reden Sie mit sich?

Wie fühlen Sie sich nach den Selbstgesprächen in den guten Momenten?

Was hören Sie sich selbst zu sich in weniger guten Momenten sagen?

Auf welche Art und Weise tun Sie das?

Wie fühlen Sie sich danach, nach den Selbstgesprächen in den weniger guten Momenten?

Gibt es einen Unterschied?

Wenn ja, weshalb? Was macht für Sie den Unterschied?

Ist der Unterschied hilfreich?

Ein weiterer Hinweis auf die Tendenz mit Scham oder Schuld zu reagieren, ist die Wahrnehmung anderer Menschen und die Art der Reaktion bei Konflikten. Es gibt Menschen, die schauen sich andere Menschen erst einmal ganz genau an. Sie wirken fast ein wenig misstrauisch, ängstlich, so als befürchteten sie etwas. Dabei beobachten sie andere genau und sind auf der Suche nach sogenannten Charakterfehlern, also Hinweisen darauf, was an der anderen Person als Mensch nicht in Ordnung sein könnte. Natürlich kann das ganz entlastend und erleichternd sein, wenn man wohlwollend darüber hinwegsehen kann und weiß, dass andere Menschen auch Stärken und Schwächen haben. Dennoch gibt es ein Zuviel.

Durch die intensive Beobachtung verliert ein Kontakt an Spontaneität, Herzlichkeit und realem Austausch. Der Beobachter wirkt meist unnahbar und schwer verstehbar. Beobachter zeigen kaum richtige Emotionen, sie reagieren weniger auf tatsächliche Begebenheiten, weil sie mit ihren Bewertungen beschäftigt sind. Den Begriff des berühmten »Pokerface« kennt fast jeder. So kann es sein, dass sich Mitmenschen zurückziehen oder ihrerseits beobachtend reagieren, etwas wissen wollen und gar dem Beobachter damit zu nahe rücken.

Mitunter ist manche Schuldzuweisung ein Resultat aus diesem beobachtenden Verhalten. Bewertungen – auch die anderer Personen – finden zumeist auf der Grundlage eigener Ideen, Vorstellungen und Erfahrungen statt. Das verleitet dazu, Schuldzuweisungen zu machen. Aber andere Menschen sind anders und bewerten vieles anders. Wir müssen uns austauschen und mitteilen. Menschen sind auf den Austausch von Emotionen angewiesen. Nur dann können sie empathisch mitfühlen (siehe das Kapitel »Ohne Empathie geht nichts«). Wir erleben durch den unmittelbaren Kontakt die Emotionen des anderen und ergänzen so unsere Bewertungen. Optimalerweise erweitern wir so unser Erfahrungsspektrum und können in der Folge auch andere, neue Aspekte in unsere Überlegungen einbeziehen. Manche ursprünglich schon formulierte Schuldzuweisung fällt in sich zusammen, wenn wir mehr über die Hintergründe und Absichten unseres Gegenübers erfahren.

Daneben gibt es auch noch Personen, die scheinen die Übernahme von Schuld gänzlich verweigern und vermeiden zu wollen. Schuldverweigerer sind wenig emphatisch und haben sehr oft die Tendenz, mit Scham zu reagieren. Indem sie schnell Vorwürfe abstreiten, Fehler abtun und ihre Mitmenschen streng beurteilen, zeigen sie jedoch, dass ihr Selbstwert wenig stabil ist. Sie schützen ihren Selbstwert durch dieses Verhalten. Ein instabiler Selbstwert und die Tendenz, schnell Scham zu spüren, sind besonders schmerzhaft. Schuld zu verweigern ist dann ein Schutzmechanismus, um sich selbst nicht noch mehr zu belasten. Menschen mit einem guten Selbstwert können stattdessen leichter Verantwortung für Fehler übernehmen. Diese können, müssen und dürfen sogar passieren, denn daraus lernt man.

Bestimmend für die Art der Wahrnehmung und das Verhalten in Konflikten sind neben Lernerfahrungen die sogenannten Attributionstendenzen (Weiner 1980, 1986). Als Attributionstendenzen bezeichnen wir persönliche Bewertungsprozesse und Ursachenzuschreibungen. Ereignisse lösen bei jedem von uns Bewertungen, Einschätzungen, Ideen und Gedanken aus. Wir vergleichen das gegenwärtige Geschehen mit dem, was wir bereits erlebt haben. Und machen uns darauf den berühmten »Reim«.

Wie wir attribuieren, also einschätzen und bewerten, übernehmen wir erst einmal von unserem nahen Umfeld. Personen, die typischerweise mit Scham reagieren, machen sich selbst oft für negative Ereignisse verantwortlich, sie werten sich als Person ab und betrachten sich selbst wenig wohlwollend. Um dieser Tendenz zu entgehen, versuchen manche Menschen umgehend, Schuld zu verweigern bzw. diese anderen Menschen oder höheren Mächten zuzuweisen. Damit sind sie dann ausreichend beschäftigt und abgelenkt. Das Schamerleben tritt in den Hintergrund und ist für den Moment kaum zugänglich. Natürlich meldet es sich doch zeitversetzt in stillen Momenten, aber das zuzugeben, würde extrem viel Mut und Risikobereitschaft erfordern.

Was glauben Sie? Reagieren Sie eher mit der Tendenz zu Scham oder zu Schuld?

....

....

....

Jede Tendenz hat Vor- und Nachteile. Grundsätzlich können beide Tendenzen gesunde, angemessene Scham und Schuld hervorbringen. Wenn wir gut mit der aktuell entstehenden Scham oder Schuld umgehen können, ist das alles okay. Dann müssen wir nur hin und wieder überprüfen, ob die automatisch eintrainierte Tendenz in der aktuellen Situation angemessen ist.

Wie kann das aussehen?

Bei der Tendenz, mit Schuld zu reagieren und auf Schuld zu fokussieren, stellt sich natürlich die Frage, ob es nicht manchmal auch möglich ist, sich als Person gleichzeitig wohlwollend und kritisch zu hinterfragen. Das bietet sich an, wenn einem häufiger gleiche oder von anderen als »typisch« benannte Fehler passieren oder man ähnliche Rückmeldungen bekommt. Das Umfeld kann auf diesem selbstwerterhaltenden Weg vorsichtig mitteilen, dass eine persönliche Entwicklung notwendig ist, um sich weiterhin gut in das Umfeld einzufügen.

BEISPIEL Frau R. ist schon in der Schule immer mal wieder zu spät gekommen. Meistens gaben sich die Lehrer mit der Entschuldigung zufrieden, dass der Bus zu spät war. Als sie in der Ausbildung das dritte Mal zu spät kommt, weist sie ihre Chefin darauf hin, dass pünktliches Erscheinen von ihr erwartet wird und sie vielleicht früher aufstehen muss. ×

Der Wechsel von der Schule in einen Ausbildungsberuf oder an die Universität erfordert mehr Selbstverantwortung und selbstständiges Denken. Die Entschuldigung, dass Bus oder Bahn zu spät waren, kann ein- oder zweimal angemessen sein. Beim dritten Mal wird man vielleicht unglaubwürdig.

In neuen Situationen, bei Veränderungen oder neuen Lebensphasen, Wechseln von Rollen gilt es, immer mal wieder darüber nachzudenken, welche Erwartungen an mich als Menschen gestellt werden. Passt mein Verhalten noch und geht es wirklich um Schuld und Verantwortung?

Die Tendenz, mit Scham zu reagieren, birgt die Gefahr, zu kritisch und strafend zu sein oder sich im Gegenteil zu schnell anzupassen, zu wenig kritisch den Erwartungen von außen gegenüberzustehen. In dem Bemühen, Scham zu vermeiden, fürchten sich Menschen davor, Fehler zu machen, denn schnell ist der Selbstwert gefährdet. Deshalb lohnen sich gelegentliche Überlegungen dahin gehend, ob man sich als Person mag, sich grundsätzlich wohlfühlt. Geht es bei aktuell negativen Ereignissen wirklich immer ums Ganze, um mich als Mensch in meiner Würde? Oder neige ich dazu, mich zu schnell persönlich angegriffen zu fühlen? Es gilt, die Aufmerksamkeit nach außen zu richten und mit ein bisschen gesunder Skepsis zu prüfen, ob Rückmeldungen adäquat sind. Vielleicht reicht es, eine kleine Verhaltensänderung zu zeigen. Sie bleiben dann immer noch Sie selbst.

Ein wohlwollender und angemessener Umgang mit sich selbst ist das eine, der Umgang mit den Nächsten das andere. Es gibt Menschen, die haben die sogenannte schuld- und schaminduzierende Kommunikation stark verinnerlicht. Es ist deren Kommunikationsstil, fast wie ein »schlechter Dialekt«. Sie können uns schnell Schuld oder Scham einreden, und bei einer Schamneigung geht das umso schneller.

BEISPIEL Frau H. sitzt alleine in einem Café und wartet auf ihre Freundin, die sich etwas verspätet hat. Das Café ist voll, die Plätze sind begehrt. Da setzt sich eine junge Mutter mit ihrer Tochter einfach an den Tisch. Frau H. schaut irritiert und sagt zur Tochter: »Dass sich deine Mutter nicht schämt, sich einfach ungefragt hier hinzusetzen.« Die Tochter schaut beschämt zu Boden, denn ihr ist die Situation sehr unangenehm. ×

BEISPIEL Herr J. ist gerade mit seiner neuen Partnerin zusammengezogen. Der Alltag stellt sich ein. Die Partnerin von Herrn J. ist meist etwas früher zu Hause. Sie nutzt die Zeit, um sich zu entspannen und darüber nachzudenken, was sie gern mit ihrem Partner an dem Abend noch unternehmen möchte. Herr J. kommt nach Hause und sagt scheinbar beiläufig zu seiner Partnerin: »Als ich mit Rita zusammen war, stand jeden Abend das Essen auf dem Tisch. Die hat super gekocht und noch aufgeräumt.« Die Partnerin ist wie vor den Kopf gestoßen und fühlt sich plötzlich ganz schlecht. Am nächsten Abend kocht sie Herrn J.s Lieblingsessen. Leider kann »Rita besser kochen« und Herr J. weiß das Entgegenkommen aus dem Schulderleben seiner Partnerin nicht zu würdigen. ×

Scham- und schuldinduzierende Kommunikation ist tatsächlich ein Mittel, dessen wir uns alle gelegentlich bedienen. Aber wann tun wir das? Es ist fast immer die Wahl desjenigen, der sich in dem Augenblick als deutlich schwächer wahrnimmt. Über scham- und schuldinduzierende Kommunikation können wir nämlich Menschen zu Dingen motivieren, die sie sonst in der Wahrnehmung des Schwächeren nicht tun würden.

Frau H. hätte sehr wohl die Mutter darauf aufmerksam machen können, dass sie auf eine Freundin wartet. Vielleicht hätte die Mutter dann weiter auf den Platz beharrt und Frau H. hätte vor der Freundin in einem schlechten Licht gestanden. Durch das fast schamlose Verhalten von Frau H. jedoch waren Mutter und Tochter schnell in die Flucht geschlagen. Genauso ging es vielleicht Herrn J. Er hätte sich bestimmt über ein Abendessen nach einem langen aufreibenden Tag gefreut. Statt das anzukündigen, lässt er diese Bemerkung fallen, wohl wissend, wie seine Partnerin darauf reagieren wird. Uncharmant ist das alle Mal. Vielleicht fühlte er sich schlecht mit seinem Wunsch, sich an den gedeckten Tisch zu setzen und verhinderte damit eigenes Schulderleben, indem er seiner Partnerin Schuldgefühle machte.

Während die Verhinderung des eigenen Schulderlebens den meisten nur selten bewusst ist, ahnen sie oft, was sie den anderen Menschen damit antun. Angriff erscheint ihnen als die beste Verteidigung. Gekonnte Redner versuchen, sich aus der Affäre zu ziehen, indem sie dem anderen noch unterstellen, dass es deren Problem ist, wenn sie sich jetzt schlecht fühlen. Sie suggerieren damit, dass das Gefühl des anderen, Wiedergutmachung leisten zu müssen, richtig ist. Mit dieser Strategie wird also dafür gesorgt, dass sich das Gegenüber fast grundlos schuldig fühlt. Äußert die Person dann noch, dass es ihr damit schlecht geht, ist das der Beweis dafür, dass sie tatsächlich Schuld hat.

Sich aus diesen Verwirrungen zu befreien, kann etwas Zeit und Energie in Anspruch nehmen. Achten Sie auf diese Form der Alltagsmanipulation. Erstens fühlt sie sich für die Empfänger schlecht an und zweitens passiert es nicht selten, dass die manipulierte Person nachträglich mit Ärger und Zorn reagiert.

Wünsche und Bedürfnisse angemessen äußern zu können, ist Teil der Selbstfürsorge (siehe das Kapitel »Wie Grundbedürfnisse und frühes Scham- und Schulderleben zusammenhängen« ab S. 75).

Fallen Ihnen eigene Beispiele und Situationen ein, in denen Sie scham- oder schuldinduzierende Kommunikation genutzt haben?

Was hätten Sie sich eigentlich wirklich vom Gegenüber gewünscht?

Was hat Sie gehindert, das zu kommunizieren?

Meine individuellen Muster der Scham- und Schuldreaktion aufdecken

Sie können jetzt schon ein bisschen besser die grundsätzliche Fähigkeit des Scham- und Schuldempfindens von der automatischen Tendenz, eher mit Scham oder Schuld zu reagieren, unterscheiden. Nun gilt es, auch den typischen Verlauf der wirklichen emotionalen Scham- oder Schuldreaktion zu beobachten.

Eine kleine Metapher kann die Vorstellung des neuen Wissens unterstützen. Die Ampelmetapher wird oft eingesetzt. Hier lässt sie sich wie folgt ganz wunderbar verwenden:
Grün bedeutet in unserem Fall die wichtige Fähigkeit zu Scham- und Schuldempfinden. Die Fähigkeit, die mit der Empathie eng verknüpft ist. Dazu gehört auch die Bereitschaft, bei Grün gehen bzw. fahren zu wollen. Grün signalisiert das Interesse und die grundsätzliche Bereitschaft zu zwischenmenschlichen Beziehungen, denn wir sind soziale Wesen.
Gelb steht für die Tendenz zur emotionalen Reaktion. Alleine die Veränderung von Grün auf Gelb ist für uns bedeutsam, die kurze Zeit, in der wir wahrnehmen können, hier hat sich etwas verändert. Gleich gilt es daher, besonders achtsam zu sein und die folgende Emotion ernst zu nehmen. Gelb ist der Hinweis, dass ein Bedürfnis ungesättigt ist, nicht befriedigt wurde.
Rot ist für uns die Emotion, die nun folgt. Bei Rot wünschen wir uns einen Halt, einen inneren Stopp. Eine kleine Besinnungspause, ein inneres Zuhören, denn unser Körper hat uns etwas zu sagen. Wenn wir einfach weitergehen, laufen wir Gefahr, etwas zu übersehen oder zu überhören. Wie im realen Verkehr kann das mal gut gehen, aber es kann auch zu einer unerwünschten Kollision führen. Deshalb ist ein kurzer Stopp sinnvoll, in dem wir in uns fragen, was da los ist. Wie reagiere ich und welches Bedürfnis ist ungesättigt? Vielleicht ist mein seelisches Wohlbefinden in Gefahr.

Egal, ob wir in der »roten Pause« nun Scham oder Schuld beobachten und wahrnehmen, Emotionsanalysen helfen dabei.
Es gibt unterschiedliche Arten von Analysen. Wir finden die nachfolgende auch im Alltag sehr praktisch. Besonders am Anfang lohnt es sich, sich dafür ein bisschen mehr Zeit zu nehmen. Schließlich dauert die rote Phase auch etwas länger als die gelbe.

Wenn Sie ihre emotionale Reaktion bereits kennen, dann achten Sie auf die Momente im Alltag, in denen sich die Tendenz, mit Gelb zu reagieren, bei Ihnen ankündigt.

Erfahrungsgemäß lohnt es sich, zwei, drei tiefe Atemzüge zu machen, ehe sie sich selbst und ihre Emotionen wichtig nehmen. Schöne tiefe und ruhige Atemzügen helfen, in die kleine Distanz zu gehen, die es braucht, um die eigenen Emotionen zu betrachten. Beantworten Sie sich folgende Fragen gern schriftlich.

Was nehme ich gerade in der Situation von mir selbst wahr?

Wie intensiv ist die Emotion auf einer Skala von 0, keine Emotion, bis 10, sehr intensive Emotion?

Welche Veränderungen auf körperlicher Ebene nehme ich wahr? Klopft beispielsweise das Herz, rast der Puls, sind die Schultern oder die Kiefermuskulatur angespannt, fühlt sich plötzlich alles kraftlos an?

Welche Gedanken denke ich?

Was fühle ich vermutlich gerade?

Was hat die Emotion in mir ausgelöst? Ein Blick, ein Satz, ein Tonfall, ein Gedanke an schlimme Zeiten?

Wie möchte ich mich verhalten?

Was brauche ich eigentlich?

Welches Bedürfnis habe ich vermutlich gerade? Unterstreichen Sie das zutreffende Bedürfnis oder formulieren Sie mit eigenen Worten.

Bindung, Kontakt, Nähe

Selbstwertschutz, Selbstwertbehauptung, Selbstwertanerkennung

Lustgewinn oder Unlustvermeidung

Grenzen, Orientierung, Kontrolle

Autonomie

Wie verhalte ich mich tatsächlich?

Als Emotionen beschreiben wir alles, was nach einem Auslöser als Reaktion in uns auf verschiedenen Ebenen abläuft. Wir unterscheiden die körperliche Ebene, die gedankliche und kognitive Ebene sowie die emotionale Ebene und die Verhaltensebene. Emotionen sind also komplexe Reaktionen, die dennoch zeitlich begrenzt sind. Eine gute Daumenregel heißt: 15 Minuten halten sich Emotionen auf der höchsten Stufe und klingen dann von alleine ab. Die 15 Minuten können sich jedoch verlängern oder wieder neu beginnen, wenn wir glauben, in diesen Prozess eingreifen zu müssen. Das können wir durch ungünstige Bewertungen (z. B. »Ich kann das Gefühl nicht aushalten«) oder der häufigen Wiederholung von schädlichen Gedanken (z. B. »Ich bin einfach nichts wert«). Die persönlichen Muster sind sehr unterschiedlich, weshalb wir lieber von Scham- und Schulderleben als von Scham und Schuld sprechen. Das erleichtert es uns, viele individuelle Aspekte mitzudenken.

Es reicht dabei, wenn Sie im Alltag nur ein bisschen mehr Aufmerksamkeit auf Ihre persönliche Scham und Schuld lenken. Wir bitten Sie ausdrücklich, sich nur ein paar Mal mit dem eigenen Scham- und Schulderleben zu beschäftigen. Zu große Vorhaben scheitern oft an der Realisierbarkeit. Misserfolge können zwar erkenntnisreich sein, aber daraus Motivation zu entwickeln, ist was für echte Profis, mit kleinen Erfolgen ist das viel einfacher. Nehmen Sie sich so viel vor, wie Sie wirklich schaffen können. Zwei oder drei Analysen in der Woche sind mehr als Sie vorher jemals gemacht haben. Sie können sich ja langsam steigern.

Meine typischen Scham- und Schuldthemen

Wirkliche Arbeit am Selbst zu leisten heißt auch, es zu wagen, bei sich selbst das Verletzende, das den Kontakt mit anderen Negierende und Zerstörende anzuschauen. Auch wenn ich dieses eigentlich nicht wahrhaben und schon gar nicht intensiv betrachten möchte, gehört auch dieses zwingend zu meinem Person-Sein, zu meinem individuellen So-Sein. Die mutige Zuwendung zu eigenen Schattenseiten, ist der erste und hilfreichste Schritt, jene ans Licht zu holen. Nur was man nicht wahrhaben will, kann seine volle zerstörerische Kraft entfalten. Was dabei Schuld und nachfolgend Scham tatsächlich bewirken kann, vermag jeder Einzelne nur selbst zu erkennen.

Wofür bin ich im Alltag anfällig?

Was hat das mit meiner Familie, Kultur oder religiösen Prägung zu tun?

Was ist mein persönlicher »Sündenfall«?

Welche Gedanken, Gefühle verbinde ich damit?

Welches Verhalten resultiert daraus?

....

....

....

Die eigene Schulderkenntnis als Teil der Selbsterkenntnis ist immer ein Akt der Freiheit. Sie beendet das unfreie Nicht-wahrhaben-Wollen des Individuums und ermöglicht damit eine neue Herangehensweise, vorausgesetzt, ich bin bereit, das eingetretene Unheil nicht zu übersehen, sondern zu beseitigen. Dann kann ich mich auch entschuldigen und erfahren, dass die Entschuldigung angenommen wird.

Erinnern Sie sich? Ganz am Anfang des Buches hatten Sie schon einmal die Möglichkeit, spontan in Stichworten aufzuschreiben, welche Themen Ihnen zu Scham und Schuld einfallen.

Schauen Sie doch einfach noch mal auf Ihre Liste aus der ersten Übung (S. 13). Bestimmt können Sie nun noch einiges ergänzen. Manches davon ist wirklich wichtig, anderes will vielleicht einfach erst einmal notiert werden. Das ist praktisch, denn zu einem späteren Zeitpunkt kann man seine Notizen noch mal prüfen.

Scham und Schuldthemen werden durch viele Einflüsse geprägt und geformt. Um den eigenen Themen noch näher zu kommen, wollen wir hier an dieser Stelle noch mal die wichtigen Grundbedürfnisse mit der Übersicht auf S. 126 f. ins Spiel bringen.
Vielleicht haben Sie nicht für jede Spalte Antworten parat, dann denken Sie an den Fünf-Minuten-Deal. Sie können die Tabelle später ergänzen.

Machen Sie nun um die Antworten einen Kringel oder unterstreichen die Antworten, die sich als Thema in Ihr Leben immer wieder einschleichen. Weil Ihnen diese Themen besonders wichtig sind, sind diese häufig auch sogenannte Scham- und Schuldthemen.

Grundbedürfnisse	Was ist mir dazu vermittelt worden?	Was ist mir selbst durch meine Lebenserfahrungen dazu wirklich wichtig?
Bindung, Kontakt, Nähe		
Lustgewinn oder Unlustvermeidung		
Selbstwertschutz, Selbstwerterhöhung, Selbstwertbehauptung		
Grenzen, Kontrolle, Orientierung		
Autonomie		

Gewichten Sie nun die Themen, indem Sie diese in eine Reihenfolge bringen. Seien Sie ehrlich zu sich selbst, denn auch wenn es sich so anfühlt, nicht alles ist gleich wichtig. Bei Entscheidungsschwächen schreiben Sie einfach beide Themen in eine Zeile.

1. Thema: ....
2. Thema: ....
3. Thema: ....
4. Thema: ....

Welche Werte, Normen und Regeln beachte ich dazu?	Wie reagiere ich, wenn das Bedürfnis befriedigt ist?	Wie reagiere ich, wenn das Bedürfnis nicht befriedigt wird?

Bevor wir Sie einladen möchten, das eine oder andere Thema genauer zu betrachten und Werte, Normen und Regeln für sich zu hinterfragen, machen wir noch einen kleinen Umweg über andere Emotionen. Weshalb wir das tun, werden Sie schon bald erkennen.

In den folgenden Kapiteln können Sie entdecken, welche Umwege möglich sind, um Scham und Schuld entweder nicht spüren zu müssen oder diese wenigstens nach außen hin nicht sichtbar werden zu lassen. Weshalb wir das tun? Wir haben Angst vor weiteren Beschämungen und Bloßstellungen. Erst recht, wenn wir selbst unsere stärksten Kritiker sind und uns nicht liebenswert, okay oder als Versager erleben.

Der Eindruck, den wir von uns haben, ist oft sehr kritisch. Wir selbst kennen uns viel genauer als andere Menschen uns kennen. Deshalb sind wir in ruhigen Momenten gegenüber uns selbst viel kritischer als andere Menschen. Natürlich schützen wir uns auf diese Art, denn wenn wir selbst unsere stärksten Kritiker sind, dann kann es eigentlich von außen nicht schlimmer kommen. Wir glauben, auf diese Art gut vorbereitet zu sein – gemäß dem Motto: Wer sich das Schlimmste vorstellt, kann dann das, was tatsächlich passiert, besser aushalten. Weit gefehlt, denn so mit sich umzugehen, macht uns viel anfälliger und verwundbarer für das, was von außen kommt. So versteckt sich ein anfälliger Selbstwert gern auch hinter ganz anderen Emotionen wie Eifersucht, Neid, Ärger, Wut, Rache, Hass, aber auch hinter übertriebener Höflichkeit. Den besseren Schutz bauen wir uns auf, wenn wir wohlwollend mit uns umgehen, regelmäßig Selbstfürsorge üben und uns realistische Ziele stecken.

Wenn Sie die oben genannten Emotionen häufiger bei sich entdecken können, schauen Sie genau hin. Der scheinbare Schutz hat hohe Folgekosten, wie wir noch sehen werden und bewahrt Sie keinesfalls davor, beschämt, bloßgestellt oder beschuldigt zu werden. Das tun Sie im Zweifelsfall bereits selbst.

Es erfordert Mut, noch etwas genauer nicht nur die selbstzerstörerischen, sondern auch die Mitmenschen verletzenden Impulse zu erkunden. Denken Sie daran: Eventuell auftretende Scham- und Schuldgefühle machen Sinn. Nur wer sie empfindet, kann sich weiterentwickeln. Erinnern Sie sich an das Sprichwort: Angriff ist oft die beste Verteidigung (vgl. das Kapitel »Ein regelmäßiger Check-up der Fehlerfreundlichkeit«). Der Angriffsmodus hat seine Funktion, denn ein Angriff und daraus resultierende Verletzungen können von der eigenen Unzulänglichkeit ablenken. Wir schützen unseren zumeist recht instabilen Selbstwert vor noch mehr Erschütterungen – aber wir verletzen oft die Menschen, die uns wichtig sind. Wenn wir das erkennen und uns damit auseinandersetzen, gewinnen alle – wir selbst und unsere Nächsten.

Neid, Hass und Rachegefühle

In der abendländischen, durch die christlichen Kirchen geprägten Tradition werden Empfindungen wie Neid, Hass und Rache oftmals tabuisiert. Diese zutiefst unangenehmen Emotionen zu empfinden, passt nicht zum biblischen Bild der Versöhnung, der Nächstenliebe und des allumspannenden Friedens, auch bezogen auf das soziale Miteinander. Sie nehmen eher den Rang von theologischen Todsünden als Ausdruck für menschliche Laster ein.

Neid umfasst ein breites Spektrum von bloßer Missgunst, Eifersucht bis zum Hass. Die Vorzüge materieller, sozialer oder geistiger Art, welche ein anderer besitzt, scheinen für den Neider im Bereich des Erreichbaren zu liegen und bewirken diese oftmals quälenden Emotionen.

An den empfundenen Neid kann von verschiedenen Perspektiven eine Annäherung erfolgen: aus einer psychologisch-anthropologischen, einer ethisch-religiösen oder aus einer sozial-politischen Richtung heraus. Allen ist die existenzielle menschliche Grunderfahrung gemein, dass empfundener Neid eine belastende Emotion darstellt. Daher soll an dieser Stelle ein historischer Exkurs uns ein wenig auf die Sprünge helfen. Mit einem gewissen zeitlichen Abstand lässt es sich manchmal leichter auf eigene, unliebsame Wesenszüge blicken.

In der Antike sowie archaischen Kulturen dominierte eine Furcht vor neidischen Göttern oder Dämonen, welche das alltägliche Leben bedrohte. Der Einzelne vermochte sich durch Anwendung von Magie und den Gebrauch Schaden abwendender Mittel dagegen zu wehren. In der Folge wurde der »böse Blick« zur Furcht einflößenden Macht eines neidischen Dämons, später wurde diese Fähigkeit auch einzelnen Menschen zugeschrieben. Um den bösen Blick abzuwehren, wurden Amulette getragen und Beschwörungszeichen an Gebäude gemalt oder einzelne Menschen mit einem Tabu belegt. Neid und »böser Blick« wurden in der Kulturgeschichte vielfach miteinander identifiziert. Auch das frühe Christentum brachte den Neid zwar mit dem Bösen in Verbindung, forderte mit der Übertragung auf den Menschen aber diesen zugleich auf, als Individuum nicht selbst zur Quelle des Neides und der Missgunst zu werden, sondern einer den anderen liebenden, wertschätzenden und wohlwollenden Haltung Raum zu geben. Nächstenliebe und soziale Fürsorge als Ausdruck von Güte, Barmherzigkeit und Dankbarkeit treten an die Stelle rächender Vergeltung.

Neid zu empfinden ist völlig in Ordnung. Neid lädt uns ein hinzuschauen, was wir noch brauchen oder uns wünschen. Oft verbinden wir jedoch mit dem, was uns fehlt, auch eine scheinbare Selbstwertsteigerung. Aber macht uns das größere Auto, die schönere Wohnung, der tollste Partner wirklich zu einem besseren Menschen? Manchmal beneiden wir andere Menschen, weil wir glauben, dass uns das alles, so schambehaftet wir sind, sowieso nicht zusteht. Damit hindern wir uns selbst daran, uns zu bemühen, dass ein bisschen was davon auch für uns in Erfüllung geht. Oder wir glauben, nur, wenn wir alles haben, ist auch alles wirklich gut. Es sind diese ganz einfachen Gedanken, die Sie selbst vielleicht auch schon mal hatten, wenn Sie gesehen haben, dass sich der Nachbar ein neues Auto gekauft hat. Dass er sich vielleicht weiter mit seiner Frau streitet oder einen hohen Kredit aufnehmen musste und sich andere Dinge nun nicht mehr erlauben kann, das steht nicht an dem neuen Auto.

Andererseits schaffen genau diese menschlichen Empfindungen wie Eitelkeit, Geringschätzung, Scham und Neid Anreize für den Erhalt von gesellschaftlichen Systemen. Habsucht oder Nivellierungssucht – eben beides – kann aus der Empfindung des Neides resultieren. Habsucht prägt zum Beispiel das soziale Beziehungsgefüge kapitalistischer Konkurrenzgesellschaften, ein Nivellierungsbestreben hingegen den Kommunismus.

Die Psychologie liefert eigene Beiträge. So geht beispielsweise die Psychoanalyse im Anschluss an Sigmund Freud davon aus, dass der empfundene Neid Wegweiser für innerseelische Konflikte darstellen kann. Hierin liegt auf der einen Seite eine Befreiung von archaischer Furcht, auf der anderen Seite die Aufforderung zur vollen Verantwortungsübernahme und Selbstwerdung des Menschen. Indem ich Verantwortung für all diese zunächst unangenehmen Empfindungen übernehme, sie sozial akzeptabel kommunizieren lerne, ohne die empfundene eigene Zerstörung vorschnell auszuagieren, durchlaufe ich psychologisch gesprochen einen Prozess der Individuation und der Reifung. Ich bin den negativen Empfindungen nicht ohnmächtig ausgeliefert, ich kann die hinter den Emotionen liegenden Konflikte und Entwicklungsengpässe in meinem Erleben erkennen, bearbeiten und bei mir belassen oder kathartisch geläutert auszuleben lernen.

Wie kann dieser Entwicklungsprozess gelingen, wie misslingt er immer wieder?

Ein gängiger Ausweg ist die alltägliche Vermeidung des Neides: Ein Mensch kann zum Beispiel bewusst Opfer bringen, sich sogar lächerlich machen, um Mitleid beim Gegenüber hervorzurufen. Er kann sich auch mit weniger beneidenswerten Personen umgeben. Er kann als Ausdruck der Tugend- und Hoffnungslosigkeit alles daransetzen, das Glück des Beneideten zu zerstören, um Genugtuung zu ernten. Doch wohin führen Begehren und Abneigung? In die soziale Isolation.

Die Unzufriedenheit mit sozialen Beziehungen ist fast immer ein Aspekt in Psychotherapien. Hier können die Empfindungen des Neids, Selbsthasses, von Rache und Eifersucht wichtige Hinweise auf zugrunde liegende, wahrscheinlich kindlich unbefriedigte Bedürfnisse liefern, wie wir im nächsten Kapitel sehen werden. Häufig verdecken diese Emotionen auch früh entstandene Scham und Schuld, machen diese aushaltbarer, lösen jedoch ihrerseits selbst Scham- und Schuldgefühle aus. Neid und Eifersucht, der Anteil des inneren Erlebens, der zu Scham und Schulderleben führt, findet sich interessanterweise auch bei empfundener Schadenfreude. In der Gleichheit der Widerfahrnis wird der Neid zunächst besänftigt.

All dieses weist auf unbefriedigte Bedürfnisse hin, welche das Individuum im therapeutischen Prozess wahrzunehmen lernen kann. In der alltäglichen psychotherapeutischen Praxis kann die Hinwendung zu kulturell-religiösen Traditionen neue Handlungsperspektiven eröffnen (vgl. das Kapitel »Religiöse Aspekte«). Das setzt häufig eine achtsame (Selbst-)Therapie und die Unterscheidung emotionaler Ebenen voraus, wie das folgende Kapitel nun zeigen möchte.

Primäre und sekundäre Emotionen

Früh entstandenes Scham- und Schulderleben wird von sehr vielen Personen als besonders unangenehm, gar überflutend und wenig korrigierbar wahrgenommen. Diesen frühkindlich entstandenen Emotionen ist gemein, dass sie sich eher als körperliches Unbehagen, inneren Stress oder Zerrissenheit zeigen. Scham- und Schuldgefühle sind zum Teil für Menschen so unerträglich, dass sie diese nicht immer wieder erleben wollen. Viele Patienten berichten, dass sie sich ganz klein und jung fühlen, wenn frühe Scham und Schuld spürbar werden. Sie haben geradezu Angst davor. Wir nennen diese früh entstandenen Emotionen primäre Emotionen.

Primäre Emotionen haben wir alle. Es gibt auch angenehme primäre Emotionen, die nach Sättigungen von Grundbedürfnissen entstehen. Ein gutes Beispiel stellt die ausreichende und wiederholte Befriedigung des Bedürfnisses Bindung in den ersten zwei Lebensjahren dar. Die primären Emotionen, die Menschen mit diesen Erfahrungen entwickeln, sind Sicherheit, Geborgenheit und Urvertrauen in Beziehungen. Das ist eine gute Ausgangsbasis für das spätere Leben.

Primäre unangenehme Emotionen sind Ausdruck für die frühkindlichen Frustrationen der Grundbedürfnisse. Eigentlich geben auch sie gute Hinweise, aber als Kind kann man mit diesen nichts anfangen. Ihm fehlen Strategien im Umgang mit solchen für ein Kind heftigen, aber meist nur körperlich wahrnehmbaren Emotionen. Natürlich ist daher der Versuch, ihr Erscheinen zu vermeiden. Es gibt wirklich viele Möglichkeiten, die man im Laufe seines Erwachsenwerdens und auch danach ausprobieren kann, und das, was sich bewährt, wird einfach weiter genutzt.

Sekundäre Emotionen wie Neid, Hass, Eifersucht resultieren genau aus diesen Vermeidungsversuchen. Sie sind Ausdruck und Folgen der Vermeidung von primären Emotionen. Ihr Vorteil: Sie fühlen sich immer noch besser an als die frühkindlich primäre Scham oder Schuld. Neidisch auf etwas und jemand anderen zu sein, ist leichter auszuhalten, als die Emotion, die dahinter liegt, nämlich Scham darüber, nicht liebenswert und okay zu sein. Neid, Hass, Eifersucht, Rache, das riecht vielleicht nach Aktivität, da kann man als Mensch Einfluss nehmen. Die Emotionen sind mächtig und greifbar. Selbst Selbsthass ist immer noch besser. Denn wenn ich mich selbst beschimpfe und abwerte, wenn ich mein stärkster Kritiker bin, dann können die anderen Menschen mir nichts mehr anhaben. Man schützt sich quasi davor, von anderen Personen abgewertet zu werden, wenn man die schlechteste Bewertung vorwegnimmt. Die Angst vor den primären Emotionen nennen wir in der Therapie auch »emotionsphobischen Konflikt«

(LAMMERS 2018). Das Besondere an den sekundären Emotionen ist, dass sie zwar ihren Zweck erfüllen und das dahinter liegende emotionale Erleben überdecken oder verdrängen. Dennoch sind auch diese Emotionen oft unangenehm und schwer korrigierbar. In die Therapie kommen Patienten sehr häufig mit und wegen der sekundären Emotionen oder den einhergehenden psychischen Symptomen.

Psychische Symptome sind sehr häufig ein Ausdruck für die Folgekosten von Versuchen, primäre Emotionen zu vermeiden, oder wie wir auch sagen, zu kompensieren. Manchmal fällt auch das Wort »bewältigen«, aber das ist irreführend, denn wir bewältigen ja die primären Emotionen keineswegs. Wir verhindern sogar deren Bearbeitung.

Gelingt es uns, die primären Emotionen wie Scham und Schuld auszuhalten und zu erkennen, was diese uns signalisieren, nämlich, dass wir als Kind etwas anderes gebraucht hätten, können wir viel besser für uns sorgen.

Überlebensstrategien und Kompensationsmechanismen

Als Kompensationsmechanismen werden kleinere Strategien bezeichnet, die es erlauben, mit einzelnen Emotionen, wie Scham, Schuld, Angst oder Ärger besser umzugehen.

Überlebensstrategien und Kompensationsmethoden werden oft synonym gebraucht. Tatsächlich ist aber eine Überlebensstrategie viel komplexer und umfasst nicht nur alle Kompensationsmechanismen, sondern alle Verhaltensweisen und Eigenschaften, die Menschen früh entwickelt haben, um in ihrem Umfeld überhaupt überleben zu können.

BEISPIEL Eine Überlebensstrategie in einem Elternhaus, in dem die Eltern alkoholabhängig sind, kann sein, dass Kinder Verantwortung für das Wohl der Eltern übernehmen. Sie sorgen durch unterschiedliche Verhaltensweisen dafür, dass es den Eltern möglichst gut geht. So ist die Wahrscheinlichkeit erhöht, auch zu überleben und ein bisschen Zuwendung zu bekommen. Natürlich überfordert das auch Kinder, denn ein Kind kann niemals ausreichend für Erwachsene sorgen. Das Kind kann es versuchen, wird aber immer wieder auch scheitern müssen. So hat die Überlebensstrategie Folgekosten, wie zum

Beispiel Schuld zu empfinden, es trotz größter Bemühungen nicht geschafft zu haben, den Zusammenhalt der Familie zu bewahren. Oder Scham darüber, nicht in der Lage zu sein, die Eltern gesund zu machen, wohlwollend zu stimmen. Und vermutlich Traurigkeit, denn ein Kind sollte Sachen machen, die Kinder tun – spielen und Spaß haben, statt Eltern und vielleicht auch noch Geschwister zu versorgen. ×

Es gibt auch angenehme Emotionen, die Menschen zu kompensieren versuchen, weil sie Angst davor haben oder diese nicht ausdrücken oder leben durften. Eine typische Emotion ist »Stolz«. Es gibt Familien, in denen Stolz einzelner Mitglieder durch Abwertung oder Ausschluss aus der Familie bestraft wird. Ein gern verwendeter Satz lautet: »Bild dir ja nicht ein, dass du was Besseres bist!« Oft sind es aber auch kollektivistische Gesellschaften, die es höchstens erlauben, auf etwas stolz zu sein, das der Gemeinschaft dient. So kann zum Beispiel Stolz über Nächstenliebe erwünscht sein. Stolz dagegen, der aufgrund von Leistungen zu erreichter Autonomie führen würde, kann abgelehnt, gar bestraft werden. Beruflicher Erfolg und darüber erlangte wirtschaftliche Unabhängigkeit kann also sanktioniert werden.

Wir unterscheiden drei wesentliche unterschiedliche Kompensationsmechanismen in den verschiedenen Therapierichtungen. Manchmal werden unterschiedliche Worte verwendet, alle beschreiben jedoch ähnlichen Mechanismen. Die drei typischen Mechanismen lauten Bekämpfen, Vermeiden oder Erdulden.

Erdulden

Beginnen wir mit dem Letzten zuerst, da sich automatisch die Frage stellt, was soll das für ein Kompensationsmechanismus sein, wenn man etwas erduldet, denn die Emotion ist dann doch da und man muss diese auch spüren. Erdulden meint aber, dass man sich dagegen weder aktiv wehrt noch sich damit richtig auseinandersetzt, sondern sich fast reinfallen lässt, im Sinne, es war schon immer so und wird immer so sein. Deshalb gibt es keine Aussicht auf Veränderung. Wir hindern uns durch das Erdulden zum Beispiel daran, etwas zu tun, das die zugrunde liegende Emotion verändert. Statt danach zu suchen, was das frustrierte Grundbedürfnis sein könnte, halten wir quälende

Neid, Scham- oder Schuldgefühle aus. Statt die Emotion auszudrücken und mit anderen zu teilen oder sich gut zuzureden, akzeptieren wir die Emotion und lassen uns davon einnehmen.

Ein Beispiel wäre andauerndes und quälendes Grübeln, was wir alles bei dieser oder jener Gelegenheit falsch gemacht haben. Manchmal fühlt sich die Emotion auch ein bisschen anders an, so kann schamvolles Neiderleben Ausdruck für eigentlich dahinter liegendes Schamerleben sein. »Es nicht wert zu sein«, auch eine tolle Beziehung, einen guten Freundeskreis, schöne Urlaube haben zu können. Scham mit ein bisschen Neid fühlt sich einfach ein wenig besser an. Trotzdem bleibt natürlich die Frage, ob es überhaupt stimmt, dass man es nicht wert ist, all die vermissten Dinge zu haben.

Bekämpfen

Bekämpfen ist ein sehr aktiver und mächtiger Bewältigungsmechanismus. Hier entsteht Energie und Kraft, sich wehren zu können, die primäre Emotion eben nicht aushalten zu müssen. Selbsthass gehört als sekundäre Emotion zu diesem Kompensationsmechanismus. Indem man sich selbst mit aller Macht abwertet, klein, schrecklich, unbedeutend oder peinlich findet, spürt man wenigstens das eigentliche Schamerleben nicht. Das Schlimmste ist vorweggenommen und nun kann es durch andere Menschen nicht mehr schlimmer kommen. Wenigstens hat man so Kontrolle darüber, wer das unangenehme Erleben herbeiführt.

Wir sind auch hier wieder bei dem Motto: Angriff ist die beste Verteidigung (vgl. das Kapitel »Überlebensstrategien und ihre Kosten«). Das Verhalten, das aus dieser Einstellung resultiert, ist auch eine Art des Bekämpfens. Das Umfeld anzugreifen, vorwurfsvoll zu sein oder schnell gereizt und genervt zu reagieren, verhindert, dass Mitmenschen sich annähern und vielleicht Scham, Schuld und Schwächen des Gegenübers entdecken. Angriffe schaffen und erhalten Distanz aufrecht.

Vermeiden

Der Kompensationsmechanismus Vermeiden ist bereits in der Natur der Sache angelegt. Zum einen ist dieses Verhalten schon in einem unserer

Grundbedürfnisse verankert, dem nach Lustgewinn und Unlustvermeidung. Dinge, die wir nicht mögen, die unangenehm sind, vermeiden wir gern. Zum anderen aktivieren gerade Scham und Schuld automatisch Verhaltensweisen, die dazu führen, dass wir im Alltag die Emotionen möglichst wenig erleben müssen. So vermeiden wir zum Beispiel über die Einhaltung von Regeln und Normen, dass wir bloßgestellt, beschämt oder beschuldigt werden. Verantwortungsübernahme ist ein typisches Beispiel. Sich verantwortlich zu fühlen, ist doch viel aushaltbarer als frühes, unangenehmes Schulderleben. Man kann nicht nur ein kleines bisschen Selbstbestätigung bekommen, auch andere Menschen finden es natürlich toll, wenn da jemand schnell für sie Verantwortung übernimmt. Dahinter liegende Schuld ist so gar nicht spürbar.

Ich denke, wie ich fühle

»Moment einmal«, denken Sie jetzt vermutlich. Sie haben bisher eher gehört: »Ich fühle, wie ich denke.« Das stimmt auch im Alltag. So kann ich mir eine neue Situation ansehen und anhand dessen, was ich sehe und wahrnehme, entscheiden.

BEISPIEL Herr K., der Nachbar, hat sich einen Hund gekauft. Es ist kein junger Welpe, sondern ein Straßenhund, den er so retten kann. Er hat dazu eine Internetseitenempfehlung bekommen, sich Videos angesehen und sich für diesen Mischling entschieden. Frau L. sieht den neuen Hund und schaut, wie dieser reagiert und sich bewegt, als sie ihm sich langsam nähert. Sie fühlt sich sicher, weil der Hund ganz freundlich schaut und still stehen bleibt. Ihr Mann dagegen wird von dem neuen Hund des Nachbarn angebellt. Das findet Herr L. erst mal beeindruckend und ist entsprechend unsicher. ×

»Ich denke, wie ich fühle.« Diese Aussage ist genauso wahr. Was aber macht den Unterschied? Die früh entstandenen Emotionen, wie Scham und Schuld, sind wie die meisten früh entstandenen Emotionen unglaublich schnell aktivierbar. Wie kommt das?

Ein kleiner Reiz, der an früher erinnert, holt schnell die alten Emotionen hoch. Zwei Beispiele:

BEISPIEL Frau M. berichtet, dass sie sich bei dem Geruch von Hefekuchen sofort geborgen und sicher fühlt. Nach und nach fällt ihr ein, dass die Oma immer Hefekuchen gebacken hat, wenn sie bei ihr zu Besuch war. Die Oma war fürsorglich und liebevoll. Man musste sich als Enkelin sicher und geborgen fühlen. Nun riecht es bei jedem Bäcker nach Hefekuchen. Schnell ist das gute Gefühl scheinbar wie herbeigezaubert wieder da. ×

BEISPIEL Herr N. ist zu seinem Vorgesetzten gerufen worden. Dieser kommt gerade aus einem unangenehmen Gespräch mit seinem Chef und schaut noch ein bisschen verärgert, ehe er umschalten kann. Herr N. fühlt sich in Sekundenschnelle wie damals, als der Vater ihn verärgert auf Fehler in den Hausaufgaben aufmerksam gemacht hatte. ×

Wieso reagieren wir so schnell so emotional ohne Einfluss auf unser Empfinden? Das lässt sich an einer einfachen Metapher gut erläutern. Dazu nutzen wir gern das Bild und die Funktionsweise eines Computers.

Häufige Erfahrungen, die in der Kindheit immer wieder ähnliche Emotionen ausgelöst haben, speichern wir sozusagen im Arbeitsspeicher fest ab. Kommt eine ähnliche Situation, bietet uns unser Arbeitsspeicher erst einmal das an, was im Hintergrundprogramm läuft. Das spart Zeit und Energie, weil nicht ständig alle Programme hochgeladen und aktiviert werden müssen.

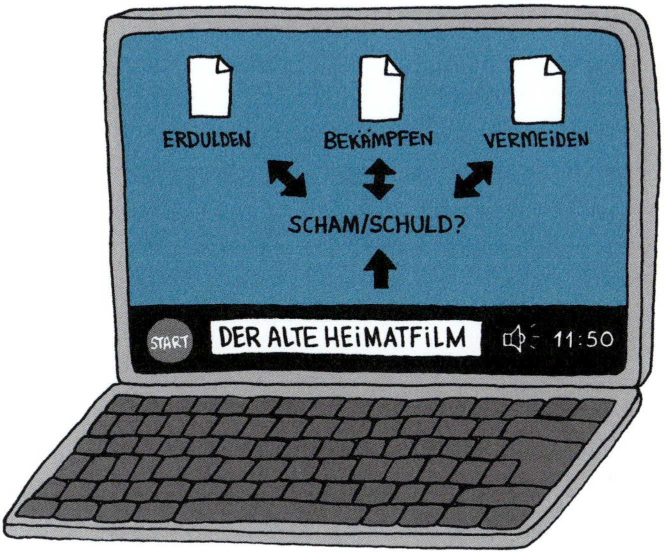

Jeder von uns hatte schon mal so einen Computer, der ständig denselben Fehler gemacht oder immer mit demselben Programm reagiert hat. Sie erinnern sich sicher auch, wie man darauf reagieren kann. Bekämpfen, in dem man schnell und genervt die Meldung wegdrückt. Vermeiden, indem man versucht, über einen anderen Weg den PC auszutricksen. Erdulden, in dem man die Meldung einfach hinnimmt, und sich dieser Tatsache, dass der Fehler immer wieder auftauchen wird, fügt. Ein echter PC-Kenner startet vielleicht das Betriebssystem neu oder aktiviert ein neues Standardprogramm. Er setzt sich hin, schaut sich die Meldung genau an und unternimmt etwas dagegen.

Natürlich sind wir kein Computer, aber ähnlich schnell ist das alte emotionale Erleben aktiviert. Weil wir viele Lebensjahre bereits in den Kompensationsstrategien geübt sind, starten diese beim Auftreten negativer Emotionen nur mit ganz kurzer Verzögerung gleich hinterher. Die meisten Menschen verfügen über alle drei Kompensationsmechanismen, welche zum Einsatz kommt, hängt vom Kontext ab oder von der Tagesform. Deshalb fällt es lange nicht auf, wenn wir mit Kompensationsstrategien arbeiten. So kann es viele Jahre dauern, ehe man sich eingestehen muss, dass Kompensationsmechanismen echt anstrengend sein können, auch wir sie gut beherrschen.

Anders als bei einem PC können wir unsere inneren Strukturen nicht austauschen. Wir können aber lernen, genau hinzuschauen und eine individuelle Bedienungsanleitung für uns und unser Betriebssystem entwickeln.

Sie haben vermutlich das Buch in die Hände genommen, weil Sie eben nicht fühlen, wie Sie denken. Wahrscheinlich läuft ein anderes Programm ab, ganz automatisch, ohne Handlungs- und Veränderungsmöglichkeiten. Das ist ein Hinweis darauf, dass Sie denken, wie sie fühlen.

Im Falle von Frau M. ist das selten ein Problem, es sei denn, Frau M. nimmt zu, weil sie ständig Hefekuchen kauft und isst. Für Herrn N. sieht die Welt jedoch anders aus. Er verhält sich bei seinem Chef so wie der kleine Junge von damals und ärgert sich hinterher mächtig über den Chef und vor allem über sich, denn ein erwachsener, gestandener Mann müsste doch eigentlich anders reagieren können.

Wie können emotionale Fehlregulationen und daraus zuweilen resultierende unbefriedigende zwischenmenschliche Interaktionsprozesse nun für den einzelnen Menschen verstehbar und veränderbar werden?

Dazu wenden wir uns unter Bezug auf Maslows Bedürfnispyramide noch einmal den Grundbedürfnissen zu. Maslow (1943, 1981) geht von einer Hierarchie der Bedürfnisse aus, welche aufeinander aufbauen. Die basalen Bedürfnisse werden idealerweise zunächst befriedigt, bevor eine höhere Ebene in den Blick genommen wird. Im Alltag überlappen sich die verschiedenen Bedürfnisse aber häufig, und die Bedürfnispyramide zeigt sich vielmehr als dynamisches Konstrukt.

Die Bedürfnispyramide nach Maslow

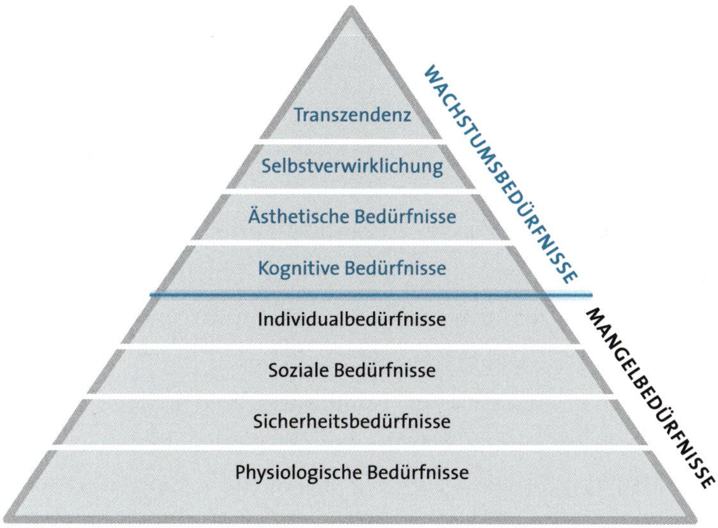

Maslow strebte keine Rangliste einzelner Bedürfnisse an, räumte aber ein, dass die physiologischen Bedürfnisse Priorität vor kognitiv-emotional komplexeren Bedürfnissen hätten. Die ersten vier Kategorien seien Mangelbedürfnisse, die letzten Wachstumsbedürfnisse, die zum Teil unstillbar bleiben. Die Nichterfüllung der Mangelbedürfnisse könne psychische Störungen bewirken, etwa fehlende Sicherheit spätere Angststörungen. 1970 erweiterte Maslow die Pyramide um die letzte Stufe der Transzendenz, d.h. des Gottesbezugs (Maslow u.a. 1993). Die Suche nach Gott, nach einer das menschliche Leben übersteigenden und zugleich begründenden Dimension wird zur höchsten Entwicklungsstufe.

Für dieses Buch ist es nun interessant, dass die Emotionen Scham und Schuld einen Signalcharakter in Bezug auf die sogenannten Mangelbedürfnisse haben. Da die Grundbedürfnisse nach Nahrung, einem Dach über dem Kopf und anderen physiologischen Bedürfnissen in westlichen Gesellschaften in der Regel befriedigt werden, sind es die Bedürfnisse nach Sicherheit, Kontakt, Bindung und Individuation, die uns in Therapien häufig begegnen. Dysfunktionales, chronisch quälendes Scham- und Schulderleben steht häufig in einem inneren Zusammenhang mit einer Frustration dieser Grundbedürfnisse.

Auf der Verhaltensebene kann eine Fokussierung auf ein komplementäres Grundbedürfnis die Folge sein. Beispielsweise kann wie schon in Kapitel »Überlebensstrategien und ihre Kosten« geschildert, ein unerfülltes Bindungsbedürfnis zu einer Überbetonung des Autonomie- oder Selbstwertbedürfnisses führen. Die damit erfolgte Überkompensation durch hohe Verantwortungsübernahme oder Perfektionismus geht häufig einher mit einer besonderen Sensibilität für sekundäres Schuld- und Schamerleben sowie der Vermeidung einer Beschämung durch andere. Das eigentliche Grundbedürfnis nach Bindung bleibt jedoch unbefriedigt und über kurz oder lang weisen als unangenehm und störend wahrgenommene Emotionen doch darauf hin, dass hier etwas fehlt.

Genauso können unangenehme Emotionen Ausdruck individueller Kompensationsstrategien sein. Wie schon beschrieben, nennen wir diese Emotionen sekundäre Emotionen. Diese begleiten die Kompensationsstrategien des Bekämpfens, Vermeidens und Erduldens. Dysfunktionales, d.h. ungesundes, chronisch quälendes Schulderleben kann damit ebenfalls Ausdruck eines Kompensationsmechanismus sein, dem chronisch quälende, häufig präverbale, kindliche Scham und gesteigerte Verletzlichkeit zugrunde liegen.

Sogenannte Bedürfnisdefizite entstehen also und werden emotional erlebbar, wenn das eigentliche Grundbedürfnis unbefriedigt bleibt und die alternativ gewählten kompensatorischen Verhaltensweisen ein anderes Grundbedürfnis befriedigen sollen, dieses aber mit unangenehmen Emotionen verknüpft wird. Das ist ein sicherer Hinweis darauf, dass die Kompensation vorerst unzureichend geschehen ist.

Wie können nun emotional als belastend erlebte Fehlregulationen und daraus möglicherweise resultierende unbefriedigende zwischenmenschliche Begegnungen für den Einzelnen verstehbar und veränderbar werden?

Schauen Sie dafür gerne auf Ihren Alltag und Ihr Leben.

Welche Grundbedürfnisse sind in meinem Leben wohl unbefriedigt geblieben?

Welche emotionalen Reaktionen haben in diesem Zusammenhang für mich Signalcharakter?

Was verhindert eine angemessene Bedürfnisbefriedigung im Einzelnen?

Welches Verhalten kann mir helfen, die eigenen Bedürfnisse besser zu befriedigen?

Wann stellt sich das anzustrebende Wohlbefinden in diesem Zusammenhang im Einzelnen konkret ein?

....

....

....

Wenn Sie sich nun auf den Weg machen, Ihre unbefriedigten Grundbedürfnisse zu identifizieren und befriedigend zu sättigen, ist das ein wirklich guter Weg. Denn zugleich betreiben Sie Selbstfürsorge. Zwei Fliegen mit einer Klappe geschlagen! Glückwunsch!

Vielleicht wird auf diesem Weg die Frage auftauchen, ob die Strategien, die Sie zur Befriedigung Ihrer Grundbedürfnisse lernen, auch Ihrem Umfeld gegenüber angemessen sind. Wird man Ihnen vielleicht Egoismus vorwerfen? Diese Sorge ist mehr als unberechtigt. Wenn Sie bisher sehr auf andere Menschen geachtet haben, dürfte diese Gefahr kaum bestehen. Sie lernen nur etwas Neues dazu. Die Bereitschaft zur Verantwortungsübernahme, zur Leistung werden Sie vermutlich weiterhin beherrschen. Das zeichnet Sie immer ein bisschen aus. Doch damit Sie sich sicher fühlen: Veränderungen finden am besten kleinschrittig statt, dann können Sie zeitgleich auf die Dosierung achten. Machen Sie sich also ruhig auf Ihren Weg. Es lohnt sich!

Am Anfang braucht es Kopf- und Beobachtungsarbeit, um an den Emotionen arbeiten zu können. Für einige von Ihnen ist der Begriff »Arbeit« an dieser Stelle vielleicht ein bisschen erschreckend. Vielleicht spüren Sie den Impuls, an diesem Punkt das Buch erst einmal zur Seite legen und sich intuitiv zu versuchen. Doch so ganz ohne Folgen bleibt das natürlich nicht. So wie in unserer Computermethapher beschrieben (vgl. S. 137), kostet es viel Energie, den Fehler »wegzudrücken« oder das Programm auszutricksen und das, obwohl wir das vielleicht schon so routiniert tun. Außerdem haben Sie nun schon einiges gelernt und wenn das gewohnte Hintergrundprogramm abläuft, werden Sie den einen oder anderen Aspekt bemerken und aufmerksamer sein. Einiges an Arbeit ist also schon geschafft. Tatsächlich würden Sie auch durch »Versuch und Irrtum« lernen, wenn Sie sich nun einfach ausprobieren und auf diesem Wege Kombinationen entdecken. Wir haben allerdings die Erfahrung gemacht, dass unsere Klientinnen und Klienten langfristig besser zurechtkommen, wenn sie ihre Hintergrundprogramme genau kennen. Auch wenn Sie es sich jetzt vielleicht noch nicht vorstellen können: Wir können unsere Hintergrundprogramme lesen lernen und umprogrammieren. Ein Schlüssel dazu ist systematisches Üben. Wir möchten Sie ermutigen, diese Mühe auf sich zu nehmen. Es bieten sich jeden Tag unglaublich viele Gelegenheiten.

Um an den Emotionen arbeiten zu können, ist es wichtig, dass diese aktiviert und beteiligt sind. Gerade die frühen Emotionen können wir nur bearbeiten, wenn wir diese auch spüren. Wie stark das Gefühl für Sie sein darf, sollten Sie einfach ausprobieren. Es sollte sich noch einigermaßen erträglich anfühlen, wenn Sie daran alleine arbeiten.

Überschwemmen Sie frühe Emotionen wie Scham und Schuld zu sehr, brauchen Sie Unterstützung. Trauen Sie sich, fassen Sie Mut, holen Sie sich Hilfe. Respekt und ein bisschen Angst sind normal, dafür haben Sie dann aber auch Profis an Ihrer Seite, wenn Sie sich überwinden.

Und wenn Sie es alleine versuchen wollen: Probieren Sie sich einfach aus. Es sind »nur« Emotionen und die sind uns alle gut gesinnt. Auch wenn sie sich unangenehm anfühlen, alle Emotionen geben uns Hinweise, was wir brauchen (vgl. das Kapitel »Emotionen senden Signale«). Bleiben Sie dran, es lohnt sich. Sie werden am Ende mehr Lebensqualität haben, wenn Sie sich auf diesem Weg von alten Verletzungen trennen und besser für sich sorgen. Bedenken Sie: Ihre Verletzungen wollen angeschaut und gewürdigt werden. Kein Arzt würde eine Verletzung einfach nur verbinden, sondern erst hinsehen und schauen, was es braucht, ehe er die Verletzung versorgt. Das ist auch für uns das tatsächliche Vorgehen.

Scham- und Schuldempfinden von den alten Verletzungen trennen lernen

Schon zu Anfang sind wir auf den besonders bedeutsamen Unterschied zwischen Scham- und Schuldempfinden und der emotionalen Reaktion des Scham- und Schulderlebens eingegangen (vgl. das Kapitel »Scham und Schuld machen Sinn« sowie die Ampelmethapher Seite 119). Mit ein bisschen Übung muss auf eine Empfindung und Wahrnehmung keine Emotion erfolgen. Wir können Scham- und Schuldempfinden im Sinne von Empathie und Selbstempathie nutzen. Die enge Verbindung zwischen Scham- und Schuldempfinden sowie Empathie ermöglicht es uns, diese auch für unsere eigenen Belange einzusetzen (vgl. das Kapitel »Ohne Empathie geht nichts«). Empathie lässt uns spontan reagieren und meistens richtig. Wenn zum Beispiel unser Gegenüber traurig ist, können wir Trost anbieten. Dabei spüren wir oft schon fast intuitiv, welche Form von Trost passend ist, wie nahe uns jemand steht.

Begegnen Sie sich bitte so wohlwollend und empathisch, wie sie anderen begegnen – zumindest versuchen Sie bitte, sich eine Chance zu geben. Wer unter früher Scham und Schuld leidet, hat vermutlich einiges mitgemacht und erlebt. Das sollte Grund genug sein, besser mit sich umzugehen. Falls es Ihnen nicht leichtfällt: Sie können jederzeit wieder Ihre alten Strategien anwenden. Doch was spricht dagegen, einfach ein paar alternative Strategien auszuprobieren? Dann ist Ihre Auswahl größer und vielleicht kommt damit auch der Mut, neu und anders mit sich umzugehen.

Wir fangen mit sehr einfachen Übungen an, die Ihnen erst einmal deutlich machen, wie sehr Gefühle das Erleben beeinflussen – und umgekehrt.

Diese Übung hat sich bewährt, um Abstand zu seinem Erleben zu gewinnen. Auf Seite 67 haben Sie sich vielleicht Notizen zu eigenem scham- oder schuldlosen Verhalten gemacht. Die brauchen Sie jetzt. Schauen Sie sich diese bitte noch mal an. Vermutlich denken und fühlen Sie heute anders, wenn Sie an Ihr Verhalten oder einzelne Situationen denken. Die Scham, sich so gezeigt, oder Schuld, sich so verhalten zu haben, lässt sich als emotionales Erleben leicht aktivieren. Sich von dem emotionalen Erleben zu distanzieren und eben nicht darauf einzusteigen, wollen wir üben.

Diese Übung ist in zwei Stufen eingeteilt.

Erste Stufe:

Als Erstes denken Sie bitte an jemanden, den Sie richtig gern mögen. Wer ist das? Erinnern Sie sich möglichst genau.

Stellen Sie sich nun bitte eine Situation vor, in der Sie aus heutiger Sicht fast scham- oder schuldlos reagiert haben.

Dieselbe Situation, dasselbe Verhalten erzählt Ihnen nun die Person, die Sie richtig gerne mögen.

Wie reagieren Sie jetzt auf dieselbe Erzählung?

Wie fühlen Sie sich dabei?

Was möchten Sie tun, wenn Sie die Geschichte hören?

Wie wären Sie mit sich umgegangen?

Die Übung geht hier in die zweite Stufe. Nehmen Sie die zweite Stufe bitte erst, wenn Ihnen die erste Stufe gut gelungen ist. Alternativ können Sie die erste Stufe gern öfter üben.

Zweite Stufe:
Dieselbe Situation lassen Sie sich in Ihrer Vorstellung auch von der Person erzählen, die Sie mögen, allerdings ist sie während der Erzählung so alt, wie sie damals war, als sie sich scham- oder schuldlos verhalten hat.
Wie reagieren Sie jetzt auf dieselbe Erzählung, wenn der vorgestellte Erzähler jünger ist?

Wie fühlen Sie sich bei der Erzählung?

Was möchten Sie tun, wenn Sie die Geschichte hören?

Wie wären Sie mit sich umgegangen, wenn Sie Ihrem jüngeren Ich zuhören würden?

Geschafft. Super! Schauen Sie mal auf Ihre Notizen. Sie haben gleich mehrere Sachen geübt, auch ohne, dass wir das angekündigt haben. Sie haben einerseits innerlich Distanz zu Ihrem Erlebnis aufgebaut, indem Sie sich in Ihrer Vorstellung die Geschichte von einer Person erzählen lassen, die Sie mögen. Sie haben aber auch Ihr Scham- und Schuldempfinden genutzt, um sich die Geschichte anzuhören und mit der Person mitzufühlen.

Vermutlich haben Sie keine Scham oder Schuld bei sich wahrgenommen, obwohl die Situation ja das Potenzial dazu hatte, denn der Ausgangspunkt war scham- und schuldloses Verhalten. Sie haben stattdessen vermutlich noch andere Emotionen und Gedanken, Ideen und Handlungsimpulse gehabt. Wägen Sie nun für sich ab, ob sich die Veränderungen oder das gewohnte Erleben besser anfühlen.

In der Therapie achten wir darauf, dass unsere Patientinnen und Patienten sich schon am Anfang neue Strategien aneignen. Es geht dabei keineswegs darum, alte Strategie und Erfahrungen zu »entsorgen«. Stattdessen wünschen wir uns mehr Freiheit für Sie. Freiheit zu entscheiden, ob die Situation es gestattet, etwas Neues zu wagen und eventuelle Unsicherheiten in Kauf zu nehmen oder ob es einfacher ist, die gewohnten Wege zu gehen, auch wenn Sie die Folgekosten bereits kennen.

Den Körper und die Mimik nutzen

Wir möchten Sie zu einem weiteren Experiment einladen. Diese schöne Alternativübung nutzt das Prinzip des »facial feedback«. Das Prinzip besagt, dass wir selbst Emotionen bei uns auslösen können, in dem wir eine veränderte Mimik aufsetzen, beispielsweise uns beim Lächeln erleben. Wir nutzen in Therapiestunden für die Übung eine Uhr mit Sekundenanzeiger. Sie funktioniert aber auch ohne genaue Zeitanzeige, wenn Sie einfach Ihrem individuellen Zeitempfinden vertrauen.

Egal, wie es Ihnen jetzt geht: Lächeln Sie ca. 30 Sekunden oder länger und achten Sie darauf, ob und wie sich Ihr emotionales Erleben verändert.

Emotionen haben einen Einfluss auf unseren Gesichtsausdruck. Umgekehrt funktioniert es aber auch, denn unser Gesichtsausdruck beeinflusst ebenso unser emotionales Erleben.

Die gleichen Wirkmechanismen gelten übrigens für die Körperhaltung. Probieren Sie es aus!

Egal, wie es Ihnen geht, setzen oder stellen Sie sich einfach mal ganz anders hin. Richten Sie sich auf, setzen oder stellen Sie sich ganz bewusst gerade hin. Stellen Sie sich vor, dass ihre Füße sich wie Wurzeln im Boden verankern. Sie sind darüber stabil und können sich ganz aufrecht hinstellen. Wie geht es Ihnen nun?

Lassen Sie dann einfach mal Schultern und Kopf richtig bewusst sinken. Stellen Sie sich vor, Kopf und Schulter sind richtig schwer und drängen deshalb nach unten. Nehmen Sie einen Moment die Veränderungen wahr und achten Sie darauf, ob sich auch Ihre Emotionen verändern.

Warum sind uns diese zwei kurzen Übungen so wichtig, dass wir sie hier aufgenommen haben? In dem Kapitel »Wie Grundbedürfnisse und frühes Scham- und Schulderleben zusammenhängen« haben wir beschrieben, dass frühe Verletzungen der Grundbedürfnisse zu Scham- und Schulderleben führen – ohne irgendein Dazutun, ohne jede Reflexion. Wir können das Erleben auch sprachlich kaum fassen. Deshalb nennen wir diese Emotionen in der Fachsprache auch »präverbale« Emotionen, also Emotionen, die sich vorsprachlich verankert haben. Diese Verankerung findet zumeist auf körperlicher Ebene statt. So verändern sich eben besonders die Mimik und die Körperhaltung bei Menschen, bei denen frühes Scham- und Schulderleben aktiviert ist. Gelegentlich fällt in diesem Zusammenhang auch der Begriff des Körpergedächtnisses.

Kommen im normalen Alltag Erinnerungen an Erlebnisse auf, können wir sehr wohl entscheiden, ob wir darauf einsteigen oder nicht. Das heißt, wir können uns Zeit nehmen, die Eindrücke, Gedanken und Bilder, die mit den Erinnerungen verbunden sind, bewusst wahrzunehmen. Genauso haben wir über diese kleinen Übungen die Chance, aus dem aktuellen emotionalen Erleben auszusteigen bzw. darin nicht körperlich und mimisch zu verharren.

Das Schöne an diesen kleinen Übungen ist auch, dass diese ohne weitere Umstände durchzuführen sind. Zu lächeln oder sich anders hinzusetzen, ist für fast jeden Menschen in jedem Zustand möglich. Diese Distanzierungsübungen greifen deshalb auch bei unangenehmen Emotionen. Genauso können Sie emotionale Verletzungsreaktionen vom eigentlichen Scham- und Schuldempfinden entkoppeln. Das ist der erste Schritt.

Dann erst kann die Verletzung gewürdigt und versorgt werden. Mit ein bisschen innerem Abstand, kann man als Erwachsener dem Kind von damals, dem die Verletzungen und Frustrationen zugefügt wurden, wohlwollender begegnen und es besser versorgen.

Lassen Sie uns die Übung aus dem Kapitel »Mein individuelles Muster der Scham- und Schuldreaktion aufdecken« noch mal ausprobieren. Mit derselben Übung können Sie das unerfüllte Bedürfnis von damals anerkennen. Vermutlich gelingt es Ihnen heute als Erwachsener, besser für sich zu sorgen. Verlassen Sie die alten Pfade und schauen Sie mit wohlwollendem Blick auf sich. Wir nutzen dabei die Idee des »inneren Kindes«. Ein Bild, das im Therapiealltag oft eingesetzt wird. Mit dem »inneren Kind« bezeichnen wir in der Übung das »Kind von damals«, das auch heute noch in uns ist. Wir können zu diesem Kind Kontakt aufnehmen und lernen, mit ihm besser umzugehen, als mit ihm umgegangen wurde.

Hier ist nun die Übung, die wir für unser Thema ein bisschen angepasst haben. Nehmen Sie anfangs erst einmal eine Verletzungssituation aus der jüngsten Vergangenheit, an die Sie sich gut erinnern.

Erfahrungsgemäß lohnt es sich, zwei, drei tiefe Atemzüge zu machen, bevor Sie sich selbst und Ihre Emotionen wichtig nehmen. Schöne tiefe und ruhige Atemzügen helfen ein bisschen, in die kleine Distanz zu gehen, die es braucht, um die eigenen Emotionen zu betrachten. Beantworten Sie sich folgende Fragen gern schriftlich.
Was nehme ich gerade in der Situation von mir selbst wahr?

Wie intensiv ist die Emotion auf einer Skala von 0, keine Emotion, bis 10, sehr intensive Emotion?

Welche Veränderungen auf körperlicher Ebene nehme ich wahr? Klopft das Herz, rast der Puls, sind die Schultern oder die Kiefermuskulatur angespannt, fühlt sich plötzlich alles kraftlos an …?

Welche Gedanken denke ich?

Was fühle ich vermutlich gerade?

Was hat die Emotion in mir ausgelöst? Ein Blick, ein Satz, ein Tonfall, ein Gedanke an schlimme Zeiten, …

Wie möchte ich mich verhalten?

Wie geht es dem »inneren Kind«?

Was bräuchte das »Kind von damals« in der aktuellen Situation?

Was brauche ich als erwachsener Mensch in dieser Situation?

Welches Bedürfnis habe ich vermutlich gerade? Unterstreichen Sie das zutreffende Bedürfnis oder formulieren Sie es in eigenen Worten.

Bindung, Kontakt, Nähe

Selbstwertschutz, Selbstwertbehauptung, Selbstwertanerkennung

Lustgewinn oder Unlustvermeidung

Grenzen, Orientierung, Kontrolle

Autonomie

Wie möchte ich mich gegenüber dem »Kind von damals« verhalten?

Was kann ich heute für das Kind von damals tun?

Wie ist es Ihnen mit dieser Übung ergangen? Konnten Sie mit sich und dem »Kind von damals« mitfühlen? Das würde uns sehr freuen, denn das Kind von damals hat Nachholbedarf und richtig viel Empathie verdient.

Außerdem stoppen Sie so die Automatismen der Bewältigungsstrategien Bekämpfen, Vermeiden oder Erdulden. Damit sind sekundäre Emotionen genauso schnell beendet. Sie haben nun Zeit für die eigentliche Frage, nämlich zu fühlen, was Sie damals gebraucht hätten und wie Sie heute ein bisschen von dem ausgleichen, würdigen und anerkennen können.

Ihre Notizen aus dem Kapitel »Die Grundbedürfnisse« können hier hilfreiche Ideen liefern.

Natürlich können wir Geschehenes nicht ungeschehen machen. Wir können uns jedoch darum bemühen, dass die emotionalen Folgen nicht weiter Ihr Leben beeinträchtigen oder gar dominieren. Seien Sie so wohlwollend mit sich, wie Sie es mit anderen wären.

Das, was Sie als Kind erlebt haben, können Sie heute anders und hoffentlich besser verarbeiten. Sie haben im Laufe des Lebens so viel gelernt, sich immer wieder ein bisschen neu erfunden. Wenn Sie sich erlauben, Ihre emotionalen Prozesse näher anzuschauen, können Sie also viel hilfreicher reagieren und so Veränderungen herbeiführen. So kann auch der Selbstwert sich noch weiterentwickeln, denn auch dieser kann nachreifen (siehe das Kapitel »Auswirkungen auf das Selbstwerterleben«).

Menschen mit früh entwickeltem Scham- und Schulderleben spüren sehr schnell Scham und Schuld. Sie sind sensibel und nehmen Stimmungsveränderungen bei anderen Personen oder im Raum sofort wahr. Das ist eine Fähigkeit. Lernen Sie, diese zu nutzen, dann brauchen Sie gar nicht das alte emotionale Erleben zu aktivieren. Lernen Sie, sich und Ihren Fähigkeiten zu vertrauen.

Viele Menschen mit Scham- und Schulderleben stellen ihre Wahrnehmung oder ihre Fähigkeit, Situationen richtig einzuschätzen, infrage. Lassen Sie das. Das klingt provokant, aber ein bisschen meinen wir das auch. Darüber nachzudenken, ob man sich und der eigenen Wahrnehmung trauen kann, führt nur zu andauerndem Grübeln und hält das unangenehme Erleben aufrecht. Fragen Sie sich lieber, warum Sie so emotional reagieren und was die Intensität der Gefühle Ihnen sagen will. Wahrscheinlich ist eine persönliche Grenze verletzt worden, aber welche?

Auch dazu möchten wir Ihnen eine Übung vorstellen. Erinnern Sie sich an eine Situation, in der Scham und Schuld oder deren sekundäre Emotionen (Neid, Hass, Selbsthass, Eifersucht und Rache) aufgetreten sind. Distanzieren Sie sich ein wenig emotional, zum Beispiel durch die vorherige Übung und versuchen Sie dann, das folgende Tortendiagramm zu zeichnen.

Ordnen Sie Ihr emotionales Erleben. Im ersten Schritt teilen Sie die Torte in drei Stücke, die sehr unterschiedlich groß sein können.
Das erste Stück soll die Intensität des emotionalen Erlebens darstellen, das Sie kennen, das sich immer wieder gleich anfühlt und vermutlich Ausdruck für »alte« Gefühle ist.
Das zweite Stück steht für die emotionale Reaktion mit Scham oder Schuld, die aktuell ganz real und angemessen ist.
Das dritte Stück – hier wird es spannend – lassen Sie einfach für die Dinge frei, die Sie derzeit noch nicht benennen können, die jedoch die Situation beeinflusst haben. Dafür können Sie sich gleich Zeit nehmen und ergänzen, was dazugehört.

Beispiel:

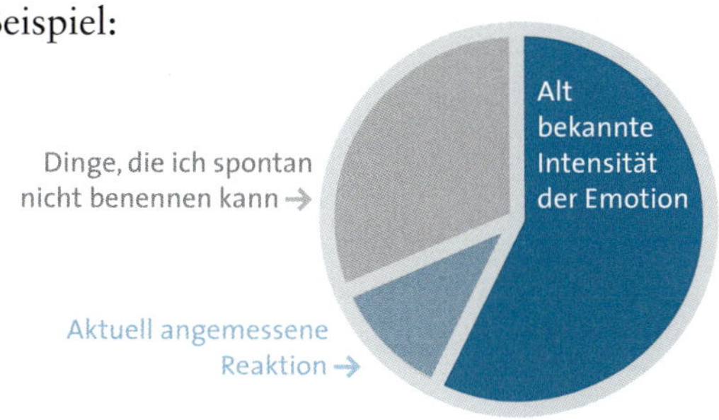

Ihr Kreis:

Schauen Sie sich jetzt das dritte Stück der Torte an. Wie groß ist das Stück? Was fällt Ihnen zur Größe auf? Sammeln Sie alle Ideen, was die Situation noch beeinflusst hat: das Beisein anderer Menschen; die Unsicherheit darüber, was in diesem Moment richtig ist; die Tatsache, dass Ihnen Ihr Vorgesetzter gegenübersteht; dass Sie Mitleid mit der anderen Person hatten oder Angst empfanden; die Verhaltensregeln unklar waren …
Welche Aspekte wollen Sie noch für die Situation berücksichtigt wissen?

....

....

Beurteilen Sie das letzte Stück der Torte noch mal. Teilen Sie es noch einmal, weisen Sie den von Ihnen genannten Aspekten unterschiedliche Größen zu. Je größer das Stück ist, desto wichtiger ist es für Sie.

Und nun Sie: Unterteilen Sie Ihr letztes Stück Torte:

Was stellen Sie jetzt fest?

Vielleicht haben Sie im letzten Teil der Aufgabe einige Antworten und Hinweise darauf gefunden, die Ihnen deutlich machen, dass soziale Kontakte oft komplex sind und viele Faktoren eine Rolle spielen.

Wahrscheinlich haben Sie auch erkannt, dass es gute Gründe gab, weshalb Sie so gehandelt haben, wie Sie gehandelt haben. Eigenes Verhalten entschuldigen zu können, weil Sie ursprünglich eine gute Absicht hatten, ist vollkommen in Ordnung und sogar notwendig. Wir wissen ja, dass Menschen mit Scham und Schuld sich selbst gegenüber besonders kritisch sind. Die Aufmerksamkeit auf die eigene Absicht zu richten, kann ein Mittel sein, um aus dieser Generalkritik an sich selbst herauszukommen. Probieren Sie es doch mal aus.

Bei der Betrachtung des letzten Tortenstücks haben sich vermutlich Hinweise über versteckte und verinnerlichte Regeln und Normen eingeschlichen (vgl. das Kapitel »Soziale Prägungen von Scham und Schuld«). Auch die wollen gelegentlich einem Check-up unterzogen werden, denn auch hier gibt es Veränderungen im Laufe der Zeit. Wer verinnerlichte Normen, Regeln, Vorstellungen, Ideen auf deren Gültigkeit für das aktuelle, eigene Leben überprüft, hat es nicht nur leichter, sich im Alltag anzupassen, er kann auch besser für sich sorgen. Aussortieren ist hier das entscheidende Stichwort. Manche Regel oder Norm ist überaltert und kaum mehr zeitgemäß. Die dürfen Sie gern über Bord werfen und sich entlasten.

Bevor es nun in die Veränderung geht, möchten wir Sie einladen, erst einmal zu schauen, ob nicht bereits die Auseinandersetzung mit sich selbst im Rahmen dieses Buches zu der einen oder anderen Veränderung geführt hat.

Veränderungen können sich auf vielen Ebenen zeigen. Die folgenden Fragen unterstützen Sie darin, die Veränderungen zu erkennen.

Welches neue Wissen über Scham und Schuld war für mich hilfreich?

Was habe ich bisher Neues über mich gelernt?

Welchen meiner bisherigen Reaktionen stehe ich nun etwas wohlwollender gegenüber? Welche Gründe fallen mir dazu ein?

Bisherige Verhaltens- und Reaktionsweisen	Mögliche Gründe dafür
Beispiel: Die heftige Intensität von Scham und Schuld	Beispiel: Emotionen sind sehr früh entstanden Keine Strategie dafür gelernt Emotionen bisher nicht verstanden

Versuchen Sie nun, maximal drei neue Ziele für diese »alten« Verhaltensweisen zu formulieren. Achten Sie darauf, dass Sie den zweiten Teil positiv formulieren.
Beispiel: Ich möchte – statt wie bisher schnell zu explodieren – nun so reagieren, dass ich erst einmal bis drei zähle, bevor ich reagiere.

Ziel 1: Ich möchte statt wie bisher ....

nun so reagieren, dass ich ....

Ziel 2: Ich möchte statt wie bisher ....

nun so reagieren, dass ich ....

Ziel 3: Ich möchte statt wie bisher ....

nun so reagieren, dass ich ....

Machen Sie sich auch noch mal die Vorteile und die eventuellen Nachteile des neuen Verhaltens bewusst.

Zu Ziel 1: Meine Vorteile, so zu reagieren, sind:

....

....

....

Nachteile der neuen Reaktion könnten sein:

....

....

....

Zu Ziel 2: Meine Vorteile, so zu reagieren, sind:

....

....

....

Nachteile der neuen Reaktion könnten sein:

....

....

....

Zu Ziel 3: Meine Vorteile, so zu reagieren, sind:

....

....

....

Nachteile der neuen Reaktion könnten sein:

....

....

....

Keine Veränderung ohne Veränderung

Natürlich unterstützt Sie neues Wissen bereits bei den ersten Veränderungen. Ein bisschen »Arbeit« ist dennoch notwendig, um neue Pfade zu beschreiten.

Wir wissen, dass Veränderungen am besten funktionieren, wenn man sich selbst gegenüber wohlgesinnt ist. Und sich selbst so wohlwollend wie einen Freund zu betrachten, ist nicht nur erlaubt, sondern sogar notwendig.

Selbstliebe und Selbstakzeptanz sind keineswegs krankhafter Egoismus, sondern eine außerordentlich gute Grundlage für den Umgang mit sich selbst.

Um sich und seine Verhaltensweisen weiterzuentwickeln, braucht es angenehme Rahmenbedingungen und die eine oder andere kleine Belohnung für den Mut, Neues auszuprobieren. Sie lesen richtig, natürlich wünschen wir Ihnen auch Erfolge, wichtiger ist uns jedoch, dass Sie ab und zu was Neues wagen. Warum? Es erhöht die Wahrscheinlichkeit, dass sich Veränderungen ergeben. Lassen Sie sich von Fehlversuchen nicht entmutigen. Menschen mit häufigem Scham- und Schulderleben neigen ja dazu, sich verantwortlich zu fühlen (siehe das Kapitel »Auswirkungen auf das Selbstwerterleben«). Doch auch wenn mal etwas nicht wie gewünscht gelingt, hat das keineswegs immer mit Ihnen zu tun. Nein, stattdessen tragen auch andere Menschen Verantwortung oder ungünstige Begebenheiten ihren Teil dazu bei (vgl. S. 155). Jeder hat seine Biografie, seine Einstellungen und seine Verhaltensweisen und bringt diese in eine Situation ein. Genauso können manchmal ungünstige Rahmenbedingungen verhindern, dass Vorhaben Erfolg haben. Steuern Sie bereits hier entgegen. Schauen Sie sich genau in Ihrem Alltag um. Sind das die richtigen Bedingungen, sich auf neue Pfade zu begeben? Oder braucht es noch etwas, wofür Sie sorgen können?

Was braucht es noch für Veränderungen?

Wie kann ich dafür sorgen?

Unterstützen Sie sich

Wie können Sie sich noch unterstützen? Im Alltag hat es sich bewährt, sich einen kleinen Talisman für die Hosentasche zu suchen, der Sie an Ihr Vorhaben erinnert. Das kann ein Symbol für »das Kind von damals« sein oder ein Symbol, das für Veränderungen steht, für bessere Selbstfürsorge, für ein kleines Versprechen sich selbst gegenüber. Beispielsweise ein Kinderfoto von sich, das Sie in greifbarer Nähe haben. So werden Sie erinnert, dass es Zeit ist, neue Wege zu gehen.

Schauen Sie sich nun Ihre neuen Ziele noch einmal genau an. Nehmen Sie sich einen Moment Zeit – vielleicht helfen Ihnen kleine Karteikarten. Auf die eine Seite schreiben Sie Ihr Ziel und auf die Rückseite alternative Strategien und neue Verhaltensweisen, mit denen Sie das Ziel auf der Vorderseite erreichen können. Der Vorteil solcher Karten? Sie können eine kleine Strichliste hinter den Strategien führen, um die erfolgreichsten herauszufinden.

Mein erstes Ziel heißt: ....

Folgende neue Verhaltensweisen fallen mir dazu ein, die ich ausprobieren könnte und möchte:

....

....

....

....

....

....

Mein zweites Ziel heißt: ....

Folgende neue Verhaltensweisen fallen mir dazu ein, die ich ausprobieren könnte und möchte:

....

....

....

....

....

Mein drittes Ziel heißt: ....

Folgende neue Verhaltensweisen fallen mir dazu ein, die ich ausprobieren könnte und möchte:

....

....

....

....

....

Sie können jederzeit andere Menschen befragen, ob diese noch Ideen haben, wie Sie Ihre Ziele erreichen können. Uns weiterzuentwickeln ist eine Aufgabe, die wir bis zum Lebensende betreiben können, und die uns auch erfüllt. Weiterentwicklung kann Zufriedenheit mit sich bewirken, kann bedeuten, verzeihen zu lernen und selbstfürsorglich mit sich zu sein.

Ab nun wünschen wir Ihnen ein beherztes »Stopp!«, wenn sich Ihnen die altbekannte Reaktion wieder ankündigt. Sagen Sie lieber einmal zu früh »Stopp« als zu wenig. Denken Sie an Ihre Karteikarten oder bereiten Sie sich auf schwierige Momente vor, indem Sie Ihren Talisman berühren, der Ihr Ziel repräsentiert, das Sie erreichen wollen. Denken Sie an den wunderbaren Satz »wenig ist besser als nichts« und seien Sie wohlwollend mit sich. Dazu zählt auch eine Belohnung für den Mut. Sorgen Sie für sich, indem Sie die Belohnung so wählen, dass Sie das aktuelle Bedürfnis von sich ein wenig stillen.

BEISPIEL Frau X. hat einen neuen Job und ist mit lauter für sie noch fremden Menschen umgeben. Frau X. kennt diese Situationen aus der Kindheit. Die ständigen Umzüge der Eltern hatten dazu geführt, dass Frau X. sich als Kind oft einsam und ausgeschlossen gefühlt hatte. Das Bedürfnis nach Bindung war so immer wieder frustriert worden. Scham und Schuld begleiteten sie bei diesen vielen Wechseln, denn ihre Eltern erwarteten von Frau X., dass sie diese souverän bewältigte. Ihr Argument war: »Das ist nichts Neues und wir werden immer wieder umziehen müssen, dass musst du einfach lernen.«

Es eben nicht gelernt zu haben, nicht souverän solche Wechsel geschafft zu haben, machte dem Kind von damals wirklich viel aus. Dass der große Bruder von Frau X. damit überhaupt keine Probleme hatte, machte es für Frau X. nicht leichter.

Frau X. wechselte im Erwachsenenalter deshalb nur ungern den Job. Scham, Schuld, sich ausgeschlossen und irgendwie einsam zu fühlen, wollte sie gern vermeiden. Dennoch war der Tag gekommen, ihre Karriere brachte den Wechsel innerhalb des Unternehmens mit sich.

Statt den Emotionen von damals wie so oft ganz viel Raum zu geben, hatte Frau X. sich überlegt, sich gleich zur ersten Kaffeepause mit einer ihr unmittelbar sympathischen Kollegin zu verabreden und zu Mittag mit den neuen Kollegen in die Kantine zu gehen. So arbeitete Frau X. an ihren Strategien, selbst für Bindung zu sorgen, allerdings nicht mit den frühen zu hohen Erwartungen der Eltern.

Die Belohnung, die Frau X. sich überlegt hatte, passte zur Arbeit am Bindungsbedürfnis. Frau X. traf sich mit ihrer besten Freundin nach dem ersten Arbeitstag zum Abendessen. Sie machte so die Erfahrung von bekannter Bindung, konnte ihrer Freundin stolz von den gewagten Veränderungen erzählen und wurde durch diese gelobt, weiter ermutigt und unterstützt. ×

Es zählt mehr der Mut als der Erfolg.

Probieren Sie sich aus

Werden Scham und Schuld als Signalemotionen für unbefriedigte Grundbedürfnisse nach Bindung und Selbstwertkonsolidierung verstanden (vgl. das Kapitel »Wie Grundbedürfnisse und frühes Scham- und Schulderleben zusammenhängen«), können wir auch heute noch lernen, gut mit uns umzugehen, die Bedürfnisse zu befriedigen und Emotionen zu regulieren. Schauen Sie nochmal auf Ihre Notizen in diesem Kapitel. Vermutlich haben Sie einiges davon für sich und Ihre Bedürfnisse schon lange nicht mehr getan. Probieren Sie diese mal wieder aus und prüfen Sie, ob sie sich noch eignen. Heute sind Sie erwachsen, dennoch kann die eine oder andere Sache, die das »Kind von damals« sich gewünscht hätte, Ihnen heute noch genauso guttun. Statt zu bewerten, empfehlen wir ausprobieren. Machen Sie sich doch einfach eine Liste. Wenn Ihnen im Alltag nichts einfallen will, wie Sie für sich sorgen können, dann probieren Sie eine Sache aus.

Folgende Aktivitäten, Dinge, die mir guttun, möchte ich ab morgen einfach mal wieder ausprobieren:

Beispiele: mein Lieblingskinderessen kochen, mit einer Wärmflasche und dicken Socken ins Bett gehen, übermütig sein und über einen Gartenzaun springen, freihändig Fahrrad fahren, einen Tee zwischen den Händen halten und die Wärme spüren, Kaugummi kauen und versuchen, Blasen zu machen usw.

Zu einer guten Selbstfürsorge gehört es auch, sich und das »Kind von damals« hin und wieder anzuhören, es in den Arm zu nehmen, überhaupt zu ihm Kontakt aufzubauen, Gutes an ihm zu finden, sich kleine positive Dinge zu sagen, die Sie an sich mögen.

Üben Sie, Komplimente auszuhalten, bedanken Sie sich einfach mit einem Lächeln. Ein Lächeln sagt mehr als viele Worte und kann heilsam im zwischenmenschlichen Kontakt sein.

Empathie regulieren lernen

Die Fähigkeit, Scham und Schuld zu empfinden, mischt sich sehr stark mit der Fähigkeit zur Empathie (siehe das Kapitel »Ohne Empathie geht nichts«). Diesen sozialen Kompetenzen ist gemeinsam, dass sie die Bereitschaft voraussetzen, diese Fähigkeiten zum Einsatz zu bringen. Diese Bereitschaft verändert sich im Leben und wir können sie auch in späteren Jahren noch formen. Deshalb lohnt es sich durchaus, an dieser Bereitschaft zu arbeiten.

Viele Menschen mit einem hohen Scham- und Schuldempfinden neigen zu Extremen. Sie sind entweder unglaublich empathisch und verfügen gleichzeitig über ein hohes Scham- und Schuldempfinden oder sie grenzen sich maximal ab und haben keinerlei Bereitschaft und Kraft, sich in andere Menschen einzufühlen. Wieso? Weil die Befürchtung, mit großem Scham- und Schuldempfinden immer auch sensibler und leichter berührbar zu sein, ziemlich naheliegt. Genau das passiert nämlich: Es entsteht Nähe und viele Menschen befürchten, wieder verletzt, verkannt, beschämt und ausgenutzt zu werden, wie früher als Kind. Also schützen sie sich. Das verstehen wir durchaus. Deshalb finden wir den Bereich zwischen dem einen Extrem (zu mitfühlend und empathisch) und dem anderen Extrem (maximal abgrenzend und zurückhaltend) ziemlich gut. Der Bereich dazwischen bietet viel Raum für Gestaltungmöglichkeiten. Sie können jederzeit zu ihren alten Verhaltensweisen zurückkehren und trotzdem Neues entdecken.

Zuhören

Sind Sie zu abgegrenzt, versuchen Sie diese einfache Übung:

Hören Sie Ihrem Gegenüber wirklich zu, achten Sie auf Äußerungen, wie sich Ihr Gegenüber fühlt und lesen Sie seine Mimik und Körperhaltung. Versuchen Sie, diese Übung ganz ohne Wertungen durchzuführen, jeden Tag ein paar Minuten. Es gibt immer Menschen, mit denen man Zuhören üben kann. Im nächsten Schritt können Sie sich gern in Ihr Gegenüber für einen kurzen Moment einfühlen. Das war es schon.

»ICH HÖRE GERNE GENAU ZU UND SCHAUE MIR MEIN GEGENÜBER WIRKLICH AN.«

Wann haben Sie das letzte Mal wirklich nur zugehört? Das tun wir im Alltag kaum noch. Selbst die Nachrichten kommentieren wir noch, geben gleichzeitig Bewertungen – manchmal nur in Gedanken – ab. Aber wirklich richtig zuhören? Wir Therapeuten praktizieren das und achten darauf, dass sich keine Wertungen einschleichen. Das ist nicht immer ganz einfach, aber vermutlich trägt das Zuhören dazu bei, dass Menschen sich verstanden fühlen. Das ist viel wert. Wir wissen, es braucht oft keine Lösung, Handlung oder einen Ratschlag. Sich verstanden zu fühlen, ist die Basis für ein gutes Miteinander.

Abstand schaffen

Sind Sie oftmals zu empathisch, spüren Sie im Kino, dass sich das Pärchen in der ersten Reihe gestritten hat? Nehmen Sie die Stimmungsveränderungen umgehend wahr? Dann haben wir eine andere kleine Alltagsübung für Sie. Sie beginnt damit, dass Sie sich gedanklich noch mal den Unterschied zwischen der Fähigkeit zur Empathie und der Bereitschaft, mitzufühlen, bewusst machen.

Die Bereitschaft, sich einzufühlen und empathisch mitzufühlen, können Sie steuern. Genauso wie Sie den Lautstärkeknopf ein wenig leiser drehen oder die Empfangsfrequenz verändern können, entscheiden Sie darüber, wem Sie zuhören und wie intensiv. Es gibt so viel anderes Spannendes zu sehen und zu hören, schenken Sie Ihre Aufmerksamkeit nicht immer den gleichen Menschen und Dingen.

Öffnen Sie Ihren Blick und wenden Sie diesen anderen Dingen zu. Üben Sie sich beispielsweise immer wieder darin, zwei neue Dinge in Ihrer Umgebung zu entdecken. Dasselbe können Sie beim Hören ausprobieren. Nehmen Sie sich vor, auf zwei neue Aspekte zu hören ... oder auch erst einmal nur auf eins. Sie wissen ja, wir sammeln mit Ihnen lieber Erfolge.

Natürlich braucht es für diese Übung ein bisschen Vorstellungskraft, aber wir wissen, dass es Ihnen daran nicht mangelt. Im professionellen Alltag nutzen wir auch solche kleinen Übungen, um unser Scham- und Schuldempfinden zu regulieren. Es ist keineswegs immer angemessen, völlig empathisch zu reagieren. Vermutlich kennen Sie auch solche Menschen. Sie können andere Personen schon mal auf die berühmte Palme bringen. Vor lauter Empathie und Sensibilität sind diese Menschen gar nicht mehr greifbar. Man spürt von ihnen nichts mehr und das ist gelegentlich auch ein Problem.

Eine andere kleine Gedankenübung hilft genauso. Es gibt Menschen, denen sind wir einfach empathisch und mitfühlend gegenüber. Das kann so weit gehen, dass wir versuchen, deren Probleme zu lösen. Und wo bleiben Sie dann? Hier heißt es, Abstand zu schaffen. Eine gute Übung, die Sie jederzeit anwenden können, ist diese:

Denken Sie sich Ihr Gegenüber einfach weiter weg. Wie weit, bestimmen Sie selbst – wie beim Flamencotanz. Mitunter hilft schon ein gedanklicher räumlicher Abstand von ein paar Zentimetern, um sich abzugrenzen und die Bereitschaft zum Mitgefühl ruhen zu lassen. Sie hören dennoch zu und könnte auch wieder empathisch sein.

Den Auftrag abwarten

Sie haben sich ein wenig mehr als sonst abgegrenzt. Prima! Dann haben wir noch einen kleinen Tipp.

Ehe Sie aus Ihrem Mitgefühl heraus über aktive Hilfe nachdenken, warten Sie bitte erst einmal den Auftrag ab. Ist überhaupt ein Auftrag an Sie formuliert worden? Sind Sie wirklich die einzige Person, die diesen Auftrag bearbeiten kann? Und wie steht es um Ihre Selbstfürsorge? Haben Sie dafür noch genug Zeit? Alles gute Fragen, die es abzuklären gilt, bevor Sie aktiv werden. Weniger Aktivität für andere heißt mehr Zeit für sich und weniger Verantwortung für Misserfolge. Damit lässt es sich wirklich leichter durch das Leben gehen.

Probieren Sie alle bisher genannten Übungen gern im Alltag aus. Sie brauchen dafür nicht mehr als ein bisschen Fantasie und die haben wir ja immer dabei.

Nähe tut gut, aber zu nahe macht uns manchmal handlungsunfähig

Die Musik macht es. Diese Formulierung kennen wir auch als Redewendung. Gemeint ist damit der gute oder weniger gute Ton, der das Miteinander maßgeblich prägt.

Musik kann man klingen lassen oder aus der Entfernung einfach nur wahrnehmen, ohne genau hinzuhören. Dennoch wissen wir, welche Musik dort spielt und was für eine Stimmung davon ausgeht.
Welche Musik im Miteinander tut Ihnen gut?

Welche Variationen kennen Sie von sich?

Musik kann Emotionen verstärken, minimieren, uns an bestimmte Zeiten erinnern. Die Lieder aus der Zeit unseres ersten Liebeskummers holen diesen vermutlich ein bisschen zurück. Die Musik von »Tom und Jerry« erinnert uns vielleicht an lustige Komikabende und macht uns beschwingter. Romantische Lieder können uns zu Tränen rühren. Musik, die viel Kraft und Energie aktiviert, unterstützt unsere Vitalität.

Stellen Sie sich in Kontakten mit anderen Menschen einfach vor, jemand würde leise Musik im Hintergrund dazu spielen. Sie haben nun die Chance, sich Ihre Wunschliste zusammenzustellen. Brauchen Sie Energie und Kraft, um Abstand zu halten? Welches Lied, welcher Rhythmus steht dafür? Oder braucht es ein mitfühlendes Lied, um Sie ein wenig zu erweichen und sich einzulassen? Probieren Sie einfach verschiedene Lieder aus und drehen Sie die Musik auf, die Sie brauchen.

Sie müssen Kontakte nicht passiv hinnehmen. Achten Sie darauf, wer Ihnen guttut und was Sie brauchen. Wo können Sie sich im Alltag real Unterstützung holen? Wer kann Ihnen Mut machen, wenn es schwierige Dinge zu klären oder Konflikte anzusprechen gibt? Mit diesen Menschen können Sie ruhig ein wenig mehr Nähe wagen.

Zu anderen ist vielleicht etwas mehr Distanz gut. Die nächste Übung hilft Ihnen, den nötigen Abstand zu wahren. Die Gartenhäuschenübung unterstützt Sie darin, zu erkennen, wann Ihre eigenen Grenzen verletzt sind.

Stellen Sie sich Ihr Gartenhäuschen vor. Es kann aus Holz sein, aus Naturstein oder ein liebevoll gestalteter Bauwagen, alles so, wie Sie es mögen. Sie haben nun die Möglichkeit, über die verschiedenen Beete und Gartenzonen Grenzen zu definieren. Gibt es einen Schotterweg rund um das Häuschen? Stehen Rosen davor? Kommt dann eine Wiese, ein Zaun, ein kleiner Fluss rundherum? Wunderbar, genießen Sie Ihren Garten!
Stellen Sie sich nun Menschen aus Ihrem Umfeld vor. Welche möchten Sie einladen und bis wohin? Auf die Wiese zum Federballspiel oder ins Haus zum Kaffee? Wie würden diese sich in Ihrem Garten bewegen? Ist alles okay, fühlt es sich gut für Sie an? Super! Genießen Sie die Zeit.
Setzen sich Menschen, nachdem sie sich selbst bei Ihnen eingeladen haben, einfach in Ihr Haus? Pflücken Sie ungefragt Ihre Rosen? Dann wird es Zeit, zu handeln.

Ihr Empfinden, Ihre Emotionen sind wichtig. Auch wenn Ihnen neue Menschen begegnen, können Sie sich für einen kurzen Moment vorstellen, wie diese sich vermutlich in Ihrem Garten bewegen würden. Lernen Sie, sich zu vertrauen. Später werden Sie noch lernen, wie Sie Ihre Grenzen klar und gleichzeitig mit Mitgefühl kommunizieren können (vgl. die Kapitel »Nein und Stopp sagen mit Mitgefühl« und »Bedürfnisse und Emotionen kommunizieren«).

Selbstempathie entwickeln

So, wie ich mich anderen Menschen gegenüber empathisch verhalten kann, so kann ich auch mir selbst gegenüber empathisch sein. Mitfühlend mit sich sein, sich wohlwollend begegnen zu können, Fähigkeiten und Schwächen gleichermaßen wahrzunehmen, sich gegenüber eine positive Einstellung zu haben, sind nur einige Beschreibungen, mit denen Sie sich den Begriff der Selbstempathie erklären können.

Weshalb ist für Personen, die mit Scham und Schuld ein Problem haben, Selbstempathie so wichtig?

Am Anfang des Buches sind wir bereits ausführlich auf die sozialen Prägungen von Scham und Schuld eingegangen. Regeln, verinnerlichte Werte und Normen bieten den meisten Menschen eine Orientierung. Früh entstandene Scham und Schuld, die sich auch auf der Selbstwertebene verankert haben, verstärken die Orientierung an diesen verinnerlichten Normen, Regeln und Werten. Diese sind Gesetz und zwar ursprünglich, weil ihre Befolgung verhindert hat, dass noch mehr Scham und Schuld im Alltag entstehen.

Nun wissen wir, dass das Festhalten an solchen anfangs äußeren Vorgaben dazu führen kann, dass wir selbst uns später besonders kritisch gegenüberstehen. Das geschieht umso eher, je mehr Scham und Schuld oder fehlende soziale Kompetenzen im Alltag deutlich werden. Wir betrachten uns zunehmend aus der Perspektive der Normen und Regeln. Das ist erst einmal ganz logisch, denn früher hat die Orientierung ja auch geholfen. Leider sind die alten verinnerlichten Vorgaben zumeist wenig flexibel, denn sie sollten das soziale Miteinander während der Kindheit eindeutig regeln. Das heißt aus der kindlichen Sicht von früher, es gibt meist nur ein Richtig oder Falsch. Richtig führt dazu, dass wir als Kind keine Scham oder Schuld erleben müssen. Und falsch? Als Kind schien das alles noch unglaublich einfach. Und wäre es nicht auch schön, wenn die Welt noch so einfach für uns als Erwachsene funktioniert? Doch leider nimmt die Komplexität des sozialen Miteinanders im Erwachsenenalter zu. Wir sind den Kinderschuhen entwachsen und müssen uns oft genug in mehreren Rollen behaupten. So sind wir als Frau, Mutter, Arbeitskollegin, beste Freundin, Patentante oder als Mann, Vater, Versorger, leitender Angestellter, Fußballkumpel usw.

Das Festhalten am Richtig-oder-falsch-Denken führt zwar zu Vereinfachungen, aber oft genug sind wir selbst deshalb unsere stärksten Kritiker. Wir verurteilen uns oder unser Verhalten, wenn wir glauben, an den früher wichtigen Werten, Regeln, Normen festhalten zu müssen. Die Strenge, die wir uns dabei entgegenbringen, kann zur inneren Haltung werden. Auf die Folgekosten sind wir bereits eingegangen (vgl. das Kapitel »Überlebensstrategien und Kompensationsmechanismen«).

Ursprünglich wurden uns Wohlwollen und Empathie von unseren nahen Bezugspersonen entgegengebracht. Meist haben wir diese Erfahrungen als innere Ressource verankert. Das Wohlwollen uns gegenüber geht jedoch im Zuge der praktizierten Strenge verloren. Manchmal fehlen uns im Erwachsenenalter auch Bezugspersonen, die uns Wohlwollen entgegenbringen konnten. Hier gilt es, Pionierarbeit zu leisten und oft genug braucht es gerade an dieser Stelle auch professionelle Hilfe. Leider fürchten gerade Menschen ohne die Erfahrung der Empathie durch wohlwollende Bezugspersonen diesen Schritt, denn sie glauben, dass auch Therapeuten streng und fordernd sind oder auf Schwächen aufmerksam machen. Das Gegenteil ist der Fall.

Es geht darum, Veränderungen zu ermöglichen und dazu gehört auch die Fähigkeit, sich selbst empathisch begegnen zu können, sich anzunehmen und wertzuschätzen. Selbstempathie beschreibt so eine innere Haltung sich selbst gegenüber.

Auch wenn wir über früh entstandene Schuld und Scham noch unsere Vergangenheit in uns spüren, sind wir doch im Hier und Jetzt angekommen. Erlauben wir uns zum Beispiel die Überlegung, was ideale Bezugspersonen mit uns anders gemacht hätten. Das, was Sie sich von idealen Begleitern wünschen, können Sie versuchen, sich selbst entgegenzubringen.

Was gut für uns Menschen ist, ist ein tief verankertes Wissen. Selbst Kinder können das, indem sie sich einen imaginären Freund suchen (siehe das Kapitel »Sich verzeihen und schätzen lernen«). Dieses kindliche Wissen können wir jederzeit nutzen, wenn wir uns den Gedanken erlauben, dass auch wir es wert sind, angenehme Erfahrungen zu machen. Dann können wir uns verändern, lernen, Bedürfnisse zu erkennen, zu befriedigen und wohlwollend zu uns sein. So ist es durchaus möglich, durch wertfreies Wahrnehmen und die Würdigung von Gründen Verständnis für sich und das eigene Verhalten zu gewinnen. Dazu kommen wir im folgenden Kapitel.

Wertfreies Wahrnehmen

Wertfreies Wahrnehmen meint, dass Sie nur beobachten, ohne zu interpretieren und einzuordnen. Die folgende Übung kann Sie dabei unterstützen.

Beschreiben Sie die letzte Situation, in der Sie emotional berührt waren. Richten Sie den Fokus der Beschreibung dabei vornehmlich auf sich. Formulieren Sie einfach ganz spontan.
Beispiel: Frau O. hat mir vorgeworfen, dass ich ihre Zeitung aus dem Briefkasten genommen habe. Ich dumme Gans habe mich erst einmal wie immer entschuldigt, obwohl ich es wirklich nicht war. Sie denkt jetzt sicher, dass ich die Zeitungen geklaut habe. Wie stehe ich nur da? Das ganze Haus wird erfahren, wie dumm ich bin.

Schauen Sie sich nun Ihre Beschreibung an. Streichen Sie ganz bewusst alle Worte durch, die eine Interpretation oder Bewertung enthalten.
Beispiel: Frau O. hat mir ~~vorgeworfen~~, dass ich ihre Zeitung aus dem Briefkasten genommen habe. Ich ~~dumme Gans~~ habe mich erst einmal ~~wie immer~~ entschuldigt, obwohl ich es wirklich nicht war. Sie denkt jetzt sicher, dass ich die Zeitungen ~~geklaut~~ habe. Wie stehe ich nur da? Das ganze Haus wird erfahren, wie ~~dumm~~ ich bin.
Haben Sie alle Bewertungen gestrichen? Überprüfen Sie das noch mal. Vielleicht möchten Sie noch mehr Worte streichen.
Was bleibt übrig?

Schauen Sie sich das an, was übrig bleibt. Welche Worte lösen bei Ihnen immer noch intensive Emotionen aus? Weshalb?

weil

weil

weil

weil

Schauen Sie auf Ihre Interpretationen nach dem »weil«. Was sagen diese darüber aus, wie Sie über sich denken?

Was löst diese innere Haltung sich selbst gegenüber bei Ihnen aus? Wie fühlen Sie sich?

Was würden Sie lieber über sich denken wollen?
Beispiel: Ich bin ein Mensch, dem wichtig ist, dass es auch meinen Nachbarn gut geht. Dann haben wir einen guten Kontakt.
Frau P. vermisst ihre Zeitung. Das tut mir leid.

Wie fühlen Sie sich jetzt?

....

....

....

....

Ihre individuellen Bedürfnisse bestimmen sowohl Ihre Emotionen als auch Ihr Verhalten.

Machen Sie sich Ihr Leben schön, indem Sie bedürfnisorientiert mit sich umgehen lernen. Das ist besonders wichtig vor dem Hintergrund, dass bestimmte Bedürfnisse in Ihrer Kindheit wenig Platz hatten. Heute können Sie jedoch für sich sorgen, wenn Sie sich annehmen und wohlwollend begegnen. Schließen Sie Freundschaft mit sich, denn Freunde unterstützt man gern. Schließen Sie Freundschaft mit dem »Kind von damals«, das kann nämlich am wenigsten dafür, in welche Welt es geboren wurde. Fühlen Sie mit dem Kind von damals. Erkennen Sie es und würdigen Sie die von ihm erbrachten Leistungen. Sie sind gut so, wie Sie sind.

Sich selbst anders beschreiben

Suchen Sie sich neue Glaubenssätze, mit denen Sie Ihre innere wohlwollende Haltung und Ihre Bedürfnisse anerkennen. Ein paar Vorschläge haben wir formuliert. Schauen Sie einfach, ob Sie den einen oder anderen annehmen können. Wenn Sie einen davon so ganz und gar nicht annehmen können, formulieren Sie unter dem Satz einfach eine Alternative, die Ihnen passender erscheint. Genauso können Sie es mit den Sätzen machen, die noch nicht ganz stimmen. Sie können einfach neue Worte oder Halbsätze anhängen. Tun Sie das so lange und so oft, bis der Satz stimmig ist. Beachten Sie nur die eine Sache: Grundsätzlich sollte der Satz positiv sein.

Ich bin wertvoll.

Ich bin verlässlich und warmherzig.

Ich bin liebenswert, mit all meinen Stärken und Schwächen.

Ich darf unsicher, ambivalent und auch mal wütend und ärgerlich sein.

Ich bin gut so, wie ich bin.

Ich mag meine mitfühlende und sensible Seite.

Ich mag mich.

Ich möchte mein bester Freund, meine beste Freundin sein.

Ich nehme mich und meine Bedürfnisse an.

Ich habe Verständnis für mich.

Vermutlich schauen Sie noch etwas skeptisch auf die Sätze und können kaum glauben, dass Menschen so über sich denken. Bevor Ihre Gedanken in Richtung Egoismus wandern, fangen Sie diese gleich ein oder lassen Sie die Gedanken einfach vorüberziehen, denn die Gedanken verhindern, dass Sie eine neue Haltung sich selbst gegenüber entwickeln. Die Gedanken werten und verursachen neue Scham und Schuld – Sie brauchen diese Art von Gedanken nicht mehr. Sie sind weder hilfreich noch wohlwollend.

Eine weitere Möglichkeit, sich daran zu erinnern, dass Sie nun eine neue innere Haltung sich selbst gegenüber haben, sind Bilder und Fotos. Lesen Sie die folgenden Möglichkeiten. Vielleicht haben Sie aber auch eigene Ideen.

Durchstöbern Sie Ihre Fotoalben. Suchen Sie sich ein Bild, auf dem Sie sich mögen und annehmen können. Hängen Sie es so auf, dass Sie jeden Tag einen Blick darauf werfen können. Üben Sie, sich etwas Nettes zu sagen. Malen Sie ein Bild, machen Sie eine Collage von einem Moment, in dem Sie sich als wertvoll und liebenswert erlebt haben. Bei der Suche danach achten Sie auf die kleinen Begebenheiten im Alltag. Es kann die Art sein, in der Sie Tee trinken. Es kann ein liebevoller Blick sein, der in Zusammenhang mit schönen Gedanken auftritt. Weniger ist mehr.

Selbstempathie ist frei von Erwartungen an sich selbst. Vertagen Sie daher diese Haltung nicht auf einen späteren Zeitraum, zum Beispiel, wenn Sie es geschafft haben, die Steuererklärung abzuschließen oder wenn Sie keine Depression oder keine Ängste mehr haben. Selbstempathie ist bedingungslos und oft sind es die »kleinen Makel«, die uns liebenswert bei anderen Personen erscheinen. Weshalb soll das für uns selbst nicht gelten?

Sie können sich im Alltag Ihrer Bedürfnisse und Ihres Verhaltens bewusst sein, ohne in Emotionen und Wertungen einzutauchen. Dabei ist es hilfreich, sich als gesamte Person in einem Kontext wahrzunehmen. Es gibt so viele Wechselwirkungen. Das Aufwachsen, Leben und Sich-Entwickeln ist sehr komplex. Kleine Veränderungen rufen an anderen Stellen große Nebenwirkungen hervor, die wir aufgrund der Komplexität kaum vorhersehen können.

BEISPIEL Herr Q. hat sich vorgenommen, sich morgens mehr Zeit zu nehmen und in Ruhe zu duschen. Dazu war er auch bereit, früher aufzustehen. Ganz bewusst suchte er sich dafür ein neues Duschbad mit einem neuen Duft aus, denn bisher nutzte er das, was seine Frau regelmäßig erneuerte. Schon am ersten Tag genoss er die kleine Veränderung, hinter der eine große Veränderung stand – Selbstempathie als innere Haltung.

Seine Frau kam wie jeden Morgen in das Badezimmer und reagierte irritiert. Es brach aus ihr heraus, dass sie nicht verstehen könne, weshalb Herr Q. nun ausgerechnet ein Duschbad mit einem Eukalyptusduft gewählt hatte, wo er doch wisse, wie schrecklich seine Frau diesen Duft finden würde. Der ganze Morgen sein nun dahin.

Herr Q. hatten sofort ein schlechtes Gewissen. Das war leicht auszulösen. Das kannte er schon. Er fühlte sich trotz seines Vorsatzes, sich wohlwollender zu begegnen, als Versager. Aber dieses Mal stieg er aus dem alten emotionalen Muster schnell aus. Er konnte sich verzeihen, daran nicht gedacht zu haben. Er vereinbarte mit seiner Frau ein Zeitfenster, in dem er ungestört duschen konnte, solange bis der Inhalt des Duschbades aufgebraucht war. ×

Herr Q. hatte den Jungen von damals beschützt, ihm innerlich die Erlaubnis gegeben, auch für sich zu sorgen, sich was Gutes zu tun. Er konnte anerkennen, dass der Junge natürlich noch unsicher war, ob er das durfte. Doch die Unsicherheit des »Kindes von damals« war okay, so wie es auch okay war, dass sich das alte emotionale Muster kurz mit dem schlechten Gewissen gemeldet hatte. Statt sich jedoch am Ende als »egoistisch«, »wertlos« und »rücksichtslos« zu bezeichnen, konnte er sich mit Verständnis und Ermutigung begegnen.

An diesem kleinen Beispiel können Sie erkennen, wie komplex die Welt, die uns umgibt, ist. Schon der Duft eines Duschbades kann neue Reaktionen in der Umwelt auslösen. Keineswegs war deshalb die Entscheidung von Herrn Q. falsch oder rücksichtslos. Nein, die Reaktion der Ehefrau zeigt eigentlich auch, dass diese sich sehr an einen bedürfnislosen Mann gewöhnt hatte.

Selbstempathie üben heißt auch, sich zu zeigen, mehr Präsenz oder gar kleine Ecken und Kanten zu haben. Veränderungen nimmt auch unser Umfeld wahr. Vermutlich tauchen dann auch mehr Wünsche oder Bedürfnisse aller Beteiligten auf. Das bedeutet aber auch mehr Nähe, mehr wohlwollende Auseinandersetzungen, in denen Menschen besser für sich sorgen können.

Erscheint Ihnen das am Anfang ein wenig zu anstrengend? Üben Sie erst einmal für sich und stärken sich durch die veränderte innere Haltung. Dann schaffen Sie auch den nächsten Schritt spielend.

Sich verzeihen und wertschätzen lernen

Wir müssen für unsere Grundbedürfnisse selbst sorgen. Das kann auch dazu führen, dass wir unbeabsichtigt Grenzen unseres Gegenübers verletzen. Erkennen Sie auch die Grundbedürfnisse der anderen an und die Tatsache, dass auch andere Menschen für sich sorgen. So wie Sie anderen Menschen verzeihen, können auch Sie sich verzeihen, denn für Sie gilt dasselbe. Sie sind gut so, wie Sie sind, Fehler und Schwächen gehören dazu.

Verzeihen-Können ist eine Fähigkeit, die nicht nur im Kontakt mit unseren Mitmenschen zu einem angenehmen Miteinander führt, sondern auch uns das Leben erleichtert. Deshalb können wir zu unseren Fehlern stehen, sie als Chance würdigen und uns wertschätzend weiterentwickeln.

BEISPIEL Frau W. liebt es, zu Hause laut Lieder zu singen, vor allem, wenn sie von der Arbeit heimkommt. Als Kind war sie oft mit dem Satz »Ach, wie singst du doch schief, Kind« von ihren Eltern gestoppt worden und hatte das Singen lange Jahre vergessen. Diese kindliche Kränkung hat sie ihren Eltern nie verziehen und mit Rückzug und Vermeidung des Singens reagiert. Jetzt erinnert sie sich im Rahmen einer Therapie daran, dass sie sich auch als Erwachsene glücklich und gestärkt fühlt, wenn sie aus voller Kehle inbrünstig singen kann. Ihr Grundbedürfnis nach lustvoller Selbstverwirklichung und Autonomie wird so befriedigt. Leider neigte ihr Nachbar dazu, lautstark an die Wand zu trommeln, sobald sie anfing zu singen, weil er sich in seiner Ruhe gestört fühlte. Ein Bedürfnis traf auf ein anderes, beide wollten ausgelebt und gestillt werden. Wie nun weiter? Frau W. vereinbarte mit ihrem Nachbarn feste Zeiten und beide konnten mit diesem gefundenen Kompromiss im gemeinsamen Haus gut zusammen weiterleben und verziehen sich wohlwollend die Störungen. ×

Mit Selbstempathie lassen sich auch Kompromisse besser vereinbaren. Sowohl Frau W. als auch ihrem Nachbarn ging es darum, wichtige, einander leider zunächst widersprechende Grundbedürfnisse zu befriedigen. Kompromisse im zwischenmenschlichen Bereich sind immer dann angesagt, wenn es nicht möglich ist, für die Bedürfnisse aller Beteiligten zu sorgen. Es ist möglich, die eigenen Bedürfnisse aufzuschieben und später zu stillen, wenn die eigenen Bedürfnisse als berechtigt anerkannt werden.

Mögen all die Dinge, die wir Ihnen in diesem Kapitel vorgeschlagen haben, noch nicht gelingen, geben Sie nicht auf. Eine Strategie, die Kinder wie selbstverständlich nutzen, ist ein imaginärer Freund. Viele Eltern erzählen von diesen Phasen, in denen Kindern sich einen Begleiter erfinden, ihn sich sehr lebhaft vorstellen und mit Eigenschaften versehen, die sie auch gerne hätten. Was Kinder können, können Sie auch.

Erschaffen Sie einen liebevollen inneren Begleiter. Geben Sie diesem in Ihren Gedanken ein Aussehen und Eigenschaften. Er darf ganz anders als der strenge innere Begleiter sein. Der Begleiter kann ein erfundenes Wesen sein oder eine echte Person, ganz wie es für Sie möglich ist. Stärken Sie diesen wohlwollenden und liebevollen Begleiter, indem Sie ihm im Alltag immer mal wieder Aufmerksamkeit schenken. Sie können ihn in Gedanken auch um Rat und Unterstützung bitten. Erlauben Sie sich immer mal wieder, in sich hineinzufühlen, wie es sich anfühlt, jemand Wohlwollenden und Mitfühlenden bei sich zu haben.

Selbstliebe, Selbstfürsorge und Selbstakzeptanz lernen

Sowohl im psychologischen als auch im theologischen Kontext steht das Entwicklungsziel der Selbstempathie zunächst ganz allgemein für einen guten Umgang mit sich selbst. Gerade wenn ich als Kind nicht gut behandelt wurde, aus diesen Gründen ein frühkindlich erworbenes, chronisches Scham- und Schulderleben aufgebaut habe, ist es eine große Herausforderung, mit mir gut umzugehen. Diese Fähigkeit fällt selten vom Himmel, sondern will mühsam gelernt werden. Besonders wenn andere Menschen mich beschämen und beschuldigen und damit zur Selbstabwertung drängen, sollte ich mir die Frage stellen, was es Liebenswertes an mir gibt. Was gefällt mir an meiner Person? Kann ich zum Beispiel aus einer religiösen Rückbindung, aus einer kirchlichen Tradition oder einzelnen spirituellen Erfahrungen Kraft für die Entfaltung meines Selbst, für meine Selbstliebe gewinnen? Oder entmutigen mich diese Traditionen eher, weil ich mir klein, kraft- und machtlos vorkomme?

Was gefällt mir an mir?

Welche Erfahrungen bestärken mich in dieser Sicht?

Wie kann ich das Liebenswerte meiner Person wem konkret gegenüber kommunizieren?

In welcher Situation habe ich zuletzt erfolgreich mein Selbst behauptet und erfahren, dass ich auch schwierige Situationen bewältigen kann, dass ich selbst wirksam werden kann?

Die Entwicklung eines stabilen Selbstwertes zeigt sich als Wechselspiel zwischen einer bewussten Wahrnehmung des Selbst, der Fähigkeit zur Regulation emotionaler Erfahrungen sowie der Möglichkeit zur kritischen Selbstreflexion eigener Stärken und Schwächen. Dazu gehören auch Erfahrungen, Einfluss am eigenen Leben im Kontakt mit anderen zu haben und durch das eigene Verhalten individuelle Ziele erreichen zu können.

Immer wieder geht es darum, das eigene Spektrum möglicher Handlungskompetenzen zu erweitern und zu erleben, dass man sich und manche Dinge ändern und auch schwierige Situationen bewältigen kann.

Gerade wenn Ab-, Be- und Entwertungen sowie Grenzüberschreitungen im Kindesalter zu einem instabilen Selbstwert geführt haben, gilt es im Erwachsenenalter, bewusst dagegen anzugehen und besonders gut mit sich umzugehen. Selbstliebe und Selbstempathie, Selbstfürsorge und Selbstakzeptanz sollen ein Stück weit an die Stelle von Wut, Ekel, Selbstabwertung und Selbsthass treten dürfen. Das stärkt den Selbstwert und das Selbstwirksamkeitserleben, die Erfahrung, dass man selbst sein Leben gestalten kann, weil man etwas weiß, kann und bewirkt. Gute Fähigkeiten zur Emotionsregulation stärken das Selbstwirksamkeitserleben und bilden eine stabile Selbstwertquelle.

Aus religiösen und spirituellen Erfahrungen kann die Gewissheit des liebenden Angenommenseins durch eine gnädige, mir grundsätzlich wohlgesinnte höhere Macht resultieren, unabhängig von allen Handlungen und zu erbringenden Lebensleistungen. Dieses kann mir noch eine Extraportion Kraft und Mut auf meinem Weg verleihen! Ich bin mit meinem Leben und meiner Existenz gewollt, bejaht und kann auf dieses Grundgerüst aufbauen, mich täglich neu darauf berufen und mich dessen vergewissern. Praktisch mag das im Lesen eines heiligen Textes, im Gebet, im Hören von Musik oder in Gesprächen mit Gleichgesinnten erfolgen. Welche Rituale und Symbole diese Haltung unterstützen, kann jeder alleine herausfinden. Symbole können zum Beispiel das Licht sein, Steine, Muscheln, Pflanzen oder Tiere, welche mich an Zeiten der Begegnung mit diesen besonderen Kraftquellen zurückdenken lassen.

Religiöse Rituale wie Pilgerreisen können Erfahrungen des Angenommenseins in meinem Sosein, in meiner individuellen Existenz ermöglichen und so zu einem Aufbau eines stabilen Selbstwertes beitragen. Hape Kerkelings Bericht über seine Pilgerreise auf dem Jakobsweg hat unter der Überschrift

»Ich bin dann mal weg« einem Millionenpublikum aus der Seele gesprochen. Ausgehend von einem Moment erfahrener körperlich-seelischer Verwundbarkeit im Rahmen beruflicher Belastungen, gelangt der Autor auf seiner Pilgerreise zu seinen Kraftquellen und kann biografisch schwierige Themen wohlwollend neu betrachten. Aus der ursprünglichen Selbstfürsorge einer Auszeit im Rahmen der Pilgerreise hat sich eine neue Form der Selbstakzeptanz entwickelt. Wie kommt es zu dieser Lebensbejahung?

Eine realistische Einschätzung eigener Fähigkeiten und Ressourcen dient dabei der Setzung realistischer Ziele, die wiederum zur Entwicklung eines stabilen Selbstwertes beitragen. Was aber sind realistische Ziele? Einige der Ziele lassen sich recht bald durch einfache Veränderungen umsetzen. Andere Ziele brauchen etwas mehr Zeit und neue Fähigkeiten, die wir vorher erlernen müssen. Dann ist es sinnvoll, das große Ziel in kleine Teilziele zu unterteilen. Zum Beispiel, sich Selbstempathie entgegenzubringen. Dafür müssen wir lernen, uns von uns selbst zu distanzieren, uns wertfreier zu betrachten und die Emotionen Scham und Schuld zu regulieren.

Gute realistische Ziele sind positiv formulierte konkrete Ziele, zum Beispiel: »Ich möchte dreimal am Tag gut zu mir sein.« Vermeidungsziele zeichnen sich durch »Nicht-Formulierungen« aus: »Ich möchte keine Angst mehr haben« oder »Ich möchte mich nicht mehr schämen«. Damit kann unser Gehirn leider nichts anfangen, denn wenn es wüsste, wie es ist, etwas nicht zu haben, würde es das ja tun. Wichtig ist, dass wir uns sagen, was wir für uns erreichen möchten.

Wichtig ist die Formulierung positiv formulierter Annäherungsziele statt negativ bezeichneter Vermeidungsziele.

Wenn ich positiv für mich formulieren kann, woran ich mich in meinem Leben annähern will, ist bereits ein Schritt auf diesem Weg zur Stärkung meines Selbstwerts getan. Dabei konzentriere ich mich zunächst auf meine Stärken, auf das, was mich auszeichnet, was ich besonders gut kann, zum Beispiel dreimal täglich gut zu mir zu sein, anstatt in empfundener Scham zu versinken. Dieser positive, ermutigende Plan wird mein Handeln beflügeln und sich stärkend auf mein Umfeld, meine sozialen Bindungen auswirken. Vermeidungsziele begünstigen dagegen Selbstkritik, unrealistische Selbsterwartungen und hohe Leistungsfokussierung. Das Vermeidungsziel »Ich möchte keine Angst mehr haben« stellt zum Beispiel nicht nur hohe Erwartungen an mich, es ist auch eine Aufgabe, die im Grunde nicht erfüllt werden kann.

Der Wunsch, den eigenen Selbstwert zu schützen, ist umso größer, je geringer der emotional wirklich spürbare und erfahrbare Selbstwert ist. Dieses bedeutet in der letzten Konsequenz: Je ungünstiger der emotionale Selbstwert geprägt wurde, desto wichtiger ist der Schutz vor weiteren Verletzungen und Enttäuschungen. Umso dringender erscheinen die Übernahme von Selbstverantwortung zugunsten der Befriedigung eigener Bedürfnisse und die Erschließung von Quellen, die den Selbstwert stärken. Je mehr flexibel einsetzbare Selbstwertquellen erschlossen werden, desto positiver werden sich Selbstwert und Selbstwirksamkeitserleben entwickeln. Wenn ich über verlässliche individuell gültige Selbstwertquellen verfüge, wird dieses auch meine Selbstachtung und Selbstakzeptanz befördern.

Das unkritische Beibehalten von früheren Regeln, Normen und Werten führt dagegen nicht selten ins Abseits, denn das dahinter liegende emotionale Erleben ist ja nicht unbedingt das, was ich mir wünsche. Oft genug führt das zur Wahrnehmung unangenehmer Emotionen – ein wichtiger Hinweis, dass Sie sich auf einem Holzweg befinden!

Übernommene Normen und Werte beeinträchtigen auch das Selbstwerterleben, weil große Anstrengungen bei der Erreichung von fremdbestimmten Zielen typisch sind. Entsprechend sind die Folgekosten für das Selbstwerterleben und die Identitätsbildung hoch.

Welche Selbstwertquellen kamen in meiner Herkunftsfamilie zum Einsatz?

....

....

....

....

Welche davon spielen in meinem Alltag gegenwärtig noch eine Rolle?

In welchen Situationen habe ich zuletzt Stolz und positive Bestätigung erfahren?

Was kann ich daraus konkret für eine Stärkung meines Selbstwertes im Alltag praktisch einsetzen?

Selbstliebe ist keineswegs Selbstsucht. Sie ist das Gegenteil von Selbstverleugnung als Aufgabe individueller Eigentümlichkeiten und Interessen. Die Akzeptanz der eigenen Person ist eine Grundvoraussetzung für die Zuwendung zu anderen Menschen. Der andere erscheint traditionell unter dem Blickwinkel der Anerkennung, Fürsorge und des persönlichen Einsatzes – warum soll in diesem besonderen Fall der andere nicht einmal ich selbst sein? Nichts spricht dagegen!

Scham- und Schuldempfinden nutzen, um sich anderen Menschen zuzuwenden

Sie wissen nun schon viel über sich. Darauf können Sie stolz sein. Sie haben sich wirklich mit sich beschäftigt, wenn Sie hier angekommen sind. Es wird Zeit, die Aufmerksamkeit neu zu fokussieren. Richten Sie den inneren Blick gern wieder mehr auf Ihre Mitmenschen. Da gibt es eine Menge zu entdecken und zu verstehen. Menschen mögen mit Ihnen in Kontakt sein, ihr Scham- und Schuldempfinden sorgt quasi dafür, aber ist es der Kontakt, den Sie sich wünschen? Wenden Sie sich nach dieser intensiven Phase der inneren Arbeit langsam wieder den anderen Menschen zu. Sie können das auch auf neue Art und Weise tun. Das geht am besten, indem man die (früheren) Verhaltensweisen weglässt, die einem nicht guttun.

Welche meiner Verhaltensweisen gegenüber anderen Menschen tun und taten mir bisher nicht gut?

Aus den Therapien wissen wir, dass es alternative Strategien braucht, wenn Menschen etwas weglassen. Schauen Sie in den folgenden Kapiteln, welche Sie für sich gebrauchen können. Es sind viele Strategien dabei, von denen Sie bestimmt schon mal gehört haben. Oft kann man dazu sogar Kurse finden, zum Beispiel bei der Volkshochschule. Vielleicht lohnt es sich auch, auf diesem Wege Unterstützung zu holen und etwa einen Kurs in Gewaltfreier Kommunikation oder in Achtsamkeit zu belegen. Sie werden dort Menschen begegnen, die ähnliche Themen kennen und gegenseitige Unterstützung und Motivation kann jeder gebrauchen.

Kontakte zu anderen Menschen besser gestalten

In diesem Buch war uns immer wieder wichtig zu betonen, dass jeder Mensch Scham und Schuld kennt. Die meisten Personen fühlen mit Ihnen, wenn es Ihnen damit bisher nicht gut gegangen ist. Kommen Sie raus aus der Einsamkeit, reden Sie über das, was Sie beschäftigt, statt sich den eigenen Gedanken hinzugeben. Manchmal gelingt dies besser in neuen Kontakten. Da können Sie neue Verhaltensweisen üben und diese dann in Ihr altes Umfeld mitnehmen, wenn sich mehr Sicherheit eingestellt hat.

Gehen Sie raus

Wenn es Ihnen anfangs nicht gelingen sollte, Kontakte selbst zu knüpfen, dann stecken Sie die Ziele kleiner. Angesprochen wird man oft. Ein Lächeln lädt andere ein, dies spontan zu tun. Das Lächeln können Sie sogar noch zu Hause vor dem Spiegel üben (siehe die Übung S. 147). Treffen Sie Menschen an Orten, an denen Menschen glücklich sind, weil sie Hobbys ausüben oder etwas Schönes tun. Das Schwimmbad, der Fußballplatz, der Supermarkt, die Volkshochschule sind solche Orte.

Im Gespräch sein verhindert, mit sich und den eigenen Emotionen alleine zu sein.

Grundsätzlich tragen Menschen eine angeborene Fürsorge für Mitmenschen in sich. Sie kümmern sich, wenn sie können und wenn wir sie lassen. Wenn wir rausgehen, können wir neue Erfahrungen machen. Das kann uns auf unserem Weg unterstützen.

Achten Sie bitte auch darauf, dass Sie sich nicht nur mit Menschen treffen, um sich über negative Erfahrungen oder die schlechten Dinge des Lebens auszutauschen. Solche Unterhaltungen halten oft die eigenen unangenehmen Emotionen und ungünstigen inneren Haltungen aufrecht. Sie haben sich aber entschieden, etwas verändern zu wollen. Schauen Sie genau hin, ob der Austausch oder der Kontakt guttut. Manchmal gelingt es auch, das Ruder herumzusteuern und über die angenehmen Dinge im Leben zu sprechen. Nutzen Sie die guten Energien für Ihre eigene Weiterentwicklung.

Von einer Patientin habe ich mal eine Postkarte geschickt bekommen, auf der stand: »Wenn ich mir heute vornehme, nichts zu schaffen, und ich habe das geschafft. Habe ich dann was geschafft?« Raten Sie mal, was deren Thema war? Humor ist immer eine tolle Art, Kontakt zu anderen Menschen zu gestalten. Wir haben darüber immer wieder herzlich lachen können. Versuchen Sie über diese und andere Gemeinsamkeiten, Zugang zu anderen Menschen zu bekommen. Die meisten sind in Ihrem Alltag viel positiver, als Sie vielleicht denken. Glauben Sie also nicht jedem Ihrer Gedanken. Wir haben so unglaublich viele Gedanken am Tag, dass es verrückt wäre, wenn Sie an jeden glauben würden.

Wir haben die Fähigkeit zu entscheiden, welche Gedanken wir beachten.

Lassen Sie sich auch nicht vorschnell Verantwortung aufladen. Finden Sie keine Lösungen für Probleme, die nicht Ihre sind – und umgekehrt. Es gibt Menschen, die finden Lösungen für Probleme, die Sie vorher noch nicht hatten, geschweige denn kannten. Das können Scham- und Schuldzuweiser sein, die vieles besser wissen und sich selbst überschätzen. Man könnte diese Menschen fast als schamlos bezeichnen, so die Grenzen von anderen Menschen zu verletzen. Auch höflich wirkende Grenzverletzungen sind welche. Oft genug dienen diese dazu, nur den eigenen Selbstwert auf Kosten anderer zu stabilisieren.

Nein und Stopp sagen mit Mitgefühl

Haben Sie gern ein bisschen Mitgefühl, weil Sie das vermutlich kennen und sagen Sie trotz allem Stopp und Nein. Kommunizieren Sie, wie es Ihnen geht und welches Bedürfnis Sie haben, wenn Ihre Grenzen verletzt werden. Auch wenn wir mitunter Leidtragende unglücklicher Verhaltensweisen von anderen Personen sein können, machen Sie sich bewusst, dass auch diese Menschen ihre Lebensthemen und ihre Biografie haben. Ein kurzes Mitgefühl ist okay und klare offene Worte helfen immer.

Aus dem Alltag wissen wir, dass es viele verschiedene Arten gibt, »Nein« zu sagen. Der Satz muss kein »Nein« enthalten, ein offenes Aussprechen des Bedauerns, einen Wunsch nicht erfüllen zu können, reicht bei vielen Mitmenschen aus. Für manch einen hartnäckigen Zeitgenossen muss es jedoch klar und deutlich »Nein« sein.

Üben Sie Neinsagen vor dem Spiegel. Auch wenn es etwas lustig klingt, schauen Sie sich dabei an und sagen Sie »Nein«. Nehmen Sie sich Ihr »Nein« ab? Nein? Dann heißt es weiterüben.
Probieren Sie verschiedene Kostümierungen aus und sagen Sie »Nein«. Malen Sie sich zum Beispiel Punkte ins Gesicht oder setzen eine Clownsnase auf. Üben Sie das Wort »Nein« so lange in unterschiedlichen Stimmklängen, bis Sie in der verrücktesten Verkleidung sich selbst das »Nein« als überzeugend abnehmen.

Gemeinsamkeiten beachten

Menschen mit Gemeinsamkeiten können mit Ihnen mitfühlen, Sie schneller verstehen, mit Ihnen lachen. Gemeinsamkeiten vergisst man weniger schnell und so brauchen Sie sich auch keine Sorgen darüber zu machen, dass Sie vielleicht etwas vergessen könnten. So können Sie die eine oder andere innere Schamblockade und das Grübeln über Schuld schnell überwinden und Menschen, denen Sie sich verbunden fühlen, ansprechen. Einfache Kommunikationsregeln helfen dabei. Mehr als drei Regeln braucht es erst einmal gar nicht.

Drei Regeln für einen lebendigen Austausch:

- »Ich«-Formulierungen verwenden
- Offen Themen ansprechen
- Nur die aktuelle Situation ansprechen, nicht verallgemeinern

Natürlich wünschen wir uns alle mal eine starke Schulter. Menschen wollen jedoch nicht gerettet werden, sondern sich selbst helfen, wenn sie können. Gut für sich sorgen zu können, auch in Beziehungen, stärkt den Selbstwert und fördert, wie vorher beschrieben, das Selbstwirksamkeitserleben.

Überfrachten Sie bitte keineswegs nahe Bezugspersonen mit Ihren Erwartungen. Wünsche sind wunderbar und dennoch wird es immer unerfüllte Wünsche geben. Das ist gut so, denn dann haben wir Ziele, denen wir uns annähern können.

Prüfen Sie den letzten Kontakt, den Sie bewusst anders gestaltet haben. Fassen Sie den Kontakt für sich zusammen.

Was war Ihnen an diesem Kontakt wichtig? Beispiel: Der Inhalt des Gespräches, die Leichtigkeit, die Spontaneität, dass Sie sich etwas getraut haben.

Wie haben Sie sich im Kontakt gefühlt?

Wo haben Sie im Körper das Gefühl wahrgenommen?

Wie geht es Ihnen jetzt damit?

Nennen Sie zwei Sachen, die Sie gemacht haben, mit denen Sie zufrieden sind.

Nennen Sie maximal eine Sache, die Sie beim nächsten Mal verbessern möchten.

Statt weiter nachzudenken, dürfen Sie gern eine Pause machen und es sich gut gehen lassen. Haben Sie Ihre Belohnungsliste vom Kapitel mit den Grundbedürfnissen noch parat? Weiter über die Begebenheit nachzudenken, wird kaum zu positiven Veränderungen führen (vgl. S. 86). Die Wahrscheinlichkeit, dass Sie die Situation durch Nachdenken zergrübeln, ist hoch. Denken Sie daran, auch so lassen sich altbekannte automatische Scham- und Schuldreaktionen aktivieren.

Bedürfnisse und Emotionen kommunizieren

Soziale Kontakte lösen bei vielen Menschen große Unsicherheiten aus. Denn anders als wir oft denken, sind soziale Kontakte nicht klar geregelt. Es gibt viele Aussagen, was man möglichst nicht tun soll, zum Beispiel andere absichtlich zu verletzen. Das sind Vermeidungsziele (vgl. S. 188). Man soll nicht zu egoistisch sein und trotzdem seine Interessen wahren. Das sind vielfältige Anforderungen, die uns mitunter in engen Verbindungen kaum noch auffallen. Und wie es geht, wissen wir nun trotzdem nicht. Wir können jedoch unsere eigenen kleinen Wünsche formulieren.

Neue Kontakte fordern zusätzlich unsere Flexibilität und Spontaneität heraus. Wenn wir Menschen für uns gewinnen, erleben wir uns eingebunden und zugehörig. Es fördert unseren Selbstwert, wenn es uns gelingt, Menschen an uns auf gesunde Art und Weise zu binden.

Gesund meint, dass wir das Streben nach der Befriedigung von Grundbedürfnissen als menschlich anerkennen und im Kontakt gemeinsam klären, wie am besten die Anliegen aller Beteiligten berücksichtigt werden. Dazu müssen diese zunächst einmal geäußert werden.

Eine gute Methode, um zu lernen, Bedürfnisse und Emotionen zu kommunizieren, ist die Methode der Gewaltfreien Kommunikation (Rosenberg 2016). Natürlich können wir Ihnen hier nicht die gesamte Methode vermitteln, dennoch gibt es Elemente, die uns sehr am Herzen liegen und die Kontakte zu anderen Menschen besser gestalten.

Gewaltfreie Kommunikation ist auch Achtsamkeit für sich und andere Personen. Um Bedürfnisse und Emotionen kommunizieren zu können, müssen wir diese erst einmal wahrnehmen. Das können Sie bestimmt schon etwas besser als zu Anfang des Buches. Entscheiden Sie, ob die Emotionen, die Sie gerade spüren, tatsächlich auch in die reale Situation gehören.

Unangenehme Emotionen signalisieren, dass die Grundbedürfnisse ungesättigt sind. Angenehme Emotionen sind der beste Hinweis darauf, dass die Bedürfnisse gestillt sind. Das gilt aber auch für Ihr Gegenüber. Deshalb sind dessen Emotionen genauso richtig wie wichtig. Und nicht immer hat der Ausdruck einer unangenehmen Emotion durch Ihr Gegenüber auch etwas mit Ihnen zu tun. Nein, es ist ein Signal, dass die Person noch etwas braucht. An dieser Stelle kommen nun wieder die Wünsche ins Spiel, denn Erwartungen können nur enttäuscht werden.

Formulieren Sie probehalber ein paar Wünsche, die Sie kennen.

Ich wünsche mir, dass …

Ich wünsche mir, dass …

Ich wünsche mir, dass …

Stellen Sie sich nun eine nahe Person vor, die Sie mögen, und formulieren Sie Wünsche, die Sie an die Person haben.
Beispiel: Ich möchte mir von Beate wünschen, dass sie mit mir am Wochenende ins Kino geht.
Ich möchte mir von … wünschen, dass

…

Formulieren Sie einen anderen Wunsch an eine andere Person.
Ich möchte mir von … wünschen, dass

…

Wie können Sie nun dafür sorgen, dass Sie Ihre Wünsche äußern können? Treffen Sie die Personen? Rufen Sie sie an? Schreiben Sie eine Nachricht? Planen Sie konkret, das erhöht die Wahrscheinlichkeit, dass es gelingt.

…

Wie können Sie dafür sorgen, dass Sie Ihre Absicht in die Tat umsetzen? Eine Erinnerung in den Kalender, sich einen kleinen Zettel schreiben?

…

Was möchten Sie genau sagen? Formulieren Sie den Wunsch als Ich-Botschaft und positiv. Beispiel: Ich möchte gern mit dir am Wochenende ins Kino gehen. Unsere gemeinsamen Kinobesuche genieße ich immer sehr. Hast du Zeit für mich?

…

Wie fühlen Sie sich?

Was denken Sie?

Die folgende Frage beantworten Sie bitte, nachdem Sie die Person kontaktiert haben.
Ist Ihr Wunsch verstanden worden?

Konnte Ihr Gegenüber Ihnen den Wunsch erfüllen?

Ja? Super! Wir freuen uns mit Ihnen.

Falls es nicht möglich war, welche Gründe wurden genannt bzw. von Ihnen herausgehört?

Wissen Sie die Gründe genau?

Gab es einen Kompromiss?

Wir können jemanden für uns gewinnen, wenn wir ihm verständlich machen können, wieso wir uns so fühlen, wie wir uns fühlen, und was wir brauchen. Doch Achtung, nicht immer heißt das auch, dass wir verpflichtet sind, den Wunsch unseres Gegenübers zu erfüllen. Äußern Sie Verständnis, wenn Ihnen danach zumute ist. Fragen Sie nach, wenn Sie etwas nicht verstehen. Vor allem warten Sie ruhig ab, ob Sie überhaupt einen Auftrag bekommen (vgl. auch das Kapitel »Den Auftrag abwarten«). Beschreiben Sie, was in Ihnen vorgeht. Ihr Gegenüber kann nicht hellsehen.

BEISPIEL Frau R. äußert gegenüber ihrer Freundin den Wunsch, dass diese mit ihr ein Kleid für die Hochzeit der Tochter einkaufen geht. Frau R. hat den Wunsch lange aufgeschoben, weil sie dachte, dass sie es alleine schafft, etwas Schönes für sich zu finden. Die Freundin hat jedoch so kurzfristig keine Zeit. Sie sagt: »Karin, ich bin ganz traurig, dich dieses Mal nicht begleiten zu können, aber ich habe wirklich keine Zeit.« ×

Die Freundin von Frau R. hat wichtige Sachen berücksichtigt. Sie hat ihr »Nein« als Ich-Botschaft formuliert, offen Ihre Gefühle angesprochen und ist in der aktuellen Situation geblieben (siehe S. 194).

Frau R. darf das Recht zugestanden werden, auch traurig und enttäuscht zu sein. Sicher ist auch ein eigener Anteil, zu lange mit der Bitte gewartet zu haben, in der Enttäuschung enthalten. Dafür hat die Freundin von Frau R. Verständnis. So bleibt zwar der Wunsch unerfüllt, aber das Gefühl der Nähe und Vertrauen darin, grundsätzlich verstanden zu werden und eine Freundin an der Seite zu haben, werden gestärkt.

BEISPIEL Herr S. bittet seine Kollegin Frau T., einen Termin von ihm kurzfristig zu übernehmen, da sein Kind krank geworden ist. Frau T. sieht eine Menge Arbeit auf sich zukommen, da der Termin noch nicht vorbereitet ist. Sie merkt, dass sie damit überfordert ist und äußert: »Ich verstehe deinen Wunsch, dass ich den Termin übernehmen soll. Leider ist es jedoch nicht nur der Termin, sondern auch die Vorbereitung, die noch zu leisten ist. Beides kann ich nicht schaffen. Was ist dir wichtiger? Welchen Teil soll ich übernehmen?« ×

Frau T. grenzt sich bei allem Verständnis gegenüber Herrn S.s Situation ab, da sie beides nicht schaffen kann. Sie bietet zeitgleich einen Kompromiss an, da ihr der Kontakt zum Kollegen wichtig ist und sie als Mutter Verständnis für Herrn S. hat.

Wünsche kann man versuchen zu erfüllen. Das geht am besten, wenn man selbst gut für sich gesorgt hat. Deshalb steht Selbstfürsorge an oberster Stelle – auch für Ihr Gegenüber. Deshalb ist ein »Nein« immer erst einmal ein Ausdruck dafür, dass derjenige, der es ausgesprochen hat, derzeit nicht in der Lage ist, den geäußerten Wunsch zu erfüllen. Oft genug gilt das »Nein« eben auch nur für diesen Moment. Man darf Wünsche jederzeit wiederholen, denn die Umstände ändern sich und es passiert, dass der Wunsch durch die Mithilfe des Gegenübers sich nun erfüllen lässt.

Keineswegs verbirgt sich hinter einem »Nein« eine grundsätzliche Ablehnung desjenigen, der gefragt hat. Ein »Nein« gilt erst einmal für die aktuelle Situation und Befindlichkeit.

Nun beginnt der eigentliche Dialog darüber, was es braucht, um die aktuelle Begegnung für alle Beteiligten zur Zufriedenheit zu gestalten. Sich abzugrenzen durch ein »Nein« signalisiert auch, dass hier zum Beispiel das Bedürfnis

»Grenzen, Kontrollen und Orientierung« betroffen ist. Ein »Nein« ist also die logische Konsequenz, wenn man sein Bedürfnis beachten möchte.

Behalten Sie im Gedächtnis, es gibt immer mehrere Möglichkeiten, Bedürfnisse zu befriedigen oder doch teilweise zu erfüllen. Frau T. hätte ihrem Kollegen vielleicht unter anderen Umständen die Vorbereitung des Termins und den Termin selbst abgenommen. Sie selbst hat aktuell Herrn S. zwei Angebote gemacht. Herr S. kann sich aber auch noch überlegen, ob er eine andere Kollegin fragen kann. Vielleicht bespricht er sich auch mit seiner Frau, ob es eine Lösung gibt, bei der er doch den Termin wahrnehmen kann, weil sie oder ihre Mutter bei dem Kind bleibt.

So, wie Frau T. ihrem Kollegen Herrn S. zwei Alternativen angeboten hat, so hat auch Herr S. noch Möglichkeiten, über die er bisher gar nicht nachgedacht hatte. Sein geäußerter Wunsch war nur eine Option. Es gibt immer mehrere Lösungen. Dazu braucht es die Offenheit, Neues auszuprobieren. Oft können wir aus Kontakten mit anderen neue Ideen mitnehmen und diese ausprobieren. Das ist der kleinste Kompromiss, den jeder von uns eingehen kann. Egal, wie ein Gespräch verlaufen ist, man kann immer etwas lernen. Das lenkt von den alten emotionalen Mustern ab und gibt auch unbefriedigenden Kontakten einen Sinn.

Sich ohne Scham- und Schulderleben abgrenzen

Schuld und Scham sind verschiedene Emotionen, deshalb gilt es, den Unterschied für sich in den Situationen zu erkennen. Schauen Sie dazu gern noch mal auf Ihre Notizen aus der Übung auf Seite 23 an. Dort können Sie auch die eine oder andere Unsicherheit beseitigen, indem Sie einzelne Passagen noch mal lesen. Sicherlich ist ein wichtiger Schritt getan, wenn Sie für sich klären konnten, ob Sie eher zu Scham- oder zu Schulderleben neigen. Dazu konnten Sie im Kapitel »Welche Neigung mit Scham oder Schuld zu reagieren, hat sich entwickelt?« für sich forschen.

Weshalb ist es uns ein Anliegen, hier zu wiederholen? Wer seine Reaktionsmuster kennt, weiß, dass diese häufig einen automatischen Charakter haben und durch kleine Reize in der aktuellen Situation ausgelöst werden. Diese Reize haben oft etwas mit Ihren frühen Erfahrungen zu tun, deshalb sind diese automatisierten emotionalen Muster erst einmal Ausdruck für die Zeit, in der sie entstanden sind. Die frühen Muster signalisieren, dass Grundbedürfnisse des Kindes, das Sie waren, wiederholt frustriert oder überhaupt nicht gesättigt wurden, möglicherweise gab es gar ein massiv verletzendes Ereignis.

Heute sind Sie erwachsen. Die Muster sind jedoch im kindlichen Entwicklungsstadium geblieben, deshalb fühlen Sie sich manchmal auch klein und hilflos, beschuldigt, beschämt und bloßgestellt. Das heißt aber auch, dass durch diese frühe Erlebensbrille alle Menschen scheinbar wie ihr kindliches Umfeld reagieren. Sie ahnen schon, dass kann eigentlich nicht stimmen. Wenn Ihr Chef Sie zum Jahresgespräch einlädt, kann Scham einfach keine angemessene emotionale Reaktion sein. Auch wenn Ihre Frau den Raum betritt, in den Sie sich zum Telefonieren mit einer Freundin zurückgezogen haben, scheint automatisiertes Schulderleben keineswegs die erwachsene Reaktion zu sein. Früher gab es in der Therapie einen geflügelten Satz, der auch schnell umgangssprachlich seine Verbreitung gefunden hat: »Gefühle sind immer richtig.« Diesen Satz ergänzen wir gern: »Das gilt sicher für die Zeit, in der sie entstanden sind.« Also: »Gefühle sind immer richtig in der Zeit, in der sie damals entstanden sind.«

Sie haben die Wahl: Einsteigen auf das automatische Programm, es aufrechterhalten und Veränderungen verhindern. Oder – und das wünschen wir uns für Sie: Das automatische Programm als solches zu erkennen und den alten »Heimatfilm« (siehe auch nächstes Kapitel) rechtzeitig zu stoppen.

Wichtige Hinweise können Sie meist auf körperlicher oder gedanklicher Ebene finden. Meldet sich immer als Erstes der Bauch oder zieht sich der Bereich um die Schultern zusammen? Denken Sie automatisch: »Das lasse ich mir nicht bieten«, produziert Ihr Gehirn schon die für Sie typischen Entschuldigungen? Alles, was sich ähnlich anfühlt und mit fast identischen Impulsen und Verhaltensweisen einhergeht, gibt Hinweise auf den automatischen Charakter. Dazu gehört auch der Eindruck, nichts dagegen unternehmen zu können. Doch da können Sie – und zwar schnell – die Pausetaste drücken, solange, bis Sie wissen, was Sie in der aktuellen Situation wirklich brauchen.

Wenn ich mich klein und hilflos, beschuldigt, beschämt und bloßgestellt fühle, tauchen fast immer diese Emotionen und körperlichen Empfindungen auf:

Den alten emotionalen »Heimatfilm« unterbrechen

Lenken Sie einfach die Aufmerksamkeit auf etwas anderes, statt in den automatisierten Film der Kindheitstage einzusteigen. Machen Sie einfach etwas anderes – zur Not improvisieren Sie. Hauptsache, der alte Film ist unterbrochen, denn den kennen Sie schon. So können Sie sich und Ihr Gehirn langsam umtrainieren. Legen Sie neben den alten emotionalen Pfaden einen neuen Feldweg an. Der ist holprig und manchmal unwegsam, aber genau deshalb müssen Sie mit Ihrer Aufmerksamkeit im Hier und Jetzt sein.

Sie haben die Wahl. Erinnern Sie sich an das Kapitel »Denken kann helfen, muss aber nicht hilfreich sein«. Aktuell unangebrachte Scham und Schuld beendet man am besten, indem man die alten Pfade verlässt, statt auf diesen zu wandeln und sich doch nur im Kreis zu bewegen.

Jeder ist für seine Grundbedürfnisse selbst zuständig. Das gilt für das Erwachsenenalter. Es ist daher unmöglich, andere Menschen zu retten. Sich verantwortlich zu fühlen, Verantwortung schnell zu übernehmen, ist nur ein Schutzmechanismus. Am besten schützen Sie sich jedoch, wenn Sie selbst für Ihre Grundbedürfnisse Sorge tragen.

Nun kommen aber täglich Menschen mit ihren Erwartungen zu Ihnen oder im Gegenteil, man fragt Sie gar nicht mehr, weil Sie sich zurückziehen und sich in Ihrer Einsamkeit eingerichtet haben? Lernen Sie, sich abzugrenzen (vgl. das Kapitel »Abstand schaffen«) und zuzuhören, haben Sie keine Angst vor einem »Auftrag«. Was kann schon passieren? Ein »Nein« ist allemal erlaubt. Jeder von uns sagt »Nein«, wenn es wirklich nicht geht.

Schuld und Scham mussten Sie schon immer aushalten, auch Wut, Selbsthass, Neid und Eifersucht kennen Sie. Was kann denn noch Schlimmeres kommen? Sie kennen Ihr Scham- und Schulderleben schon. Und? Sie sind immer noch Sie selbst, Sie sind nicht daran zugrunde gegangen. Lernen Sie, die emotionale Qualität von Ihrer Schuld- und Schamreaktion auszuhalten, aber steigen Sie frühzeitig aus dem Film aus.

Sie kennen schon unsere kleinen Metaphern, Ballons und Bilder. Wenn Sie Heimatfilme nicht mögen, haben wir einen anderen Impuls für Sie.

Sie haben bestimmt auch schon mal von diesen Rauchmeldern gehört, die schon beim Anzünden einer Kerze einen Fehlalarm produzieren. Genauso verhält es sich bei Ihnen. Ihr Scham- und Schuldempfinden ist ein sensibles System und vor dem Hintergrund Ihrer Geschichte ist es verstehbar, dass es gelegentlich Fehlalarm in Form der alten emotionalen Reaktion gibt.

Feuerwehrleute, die sich früher immer auf den Weg gemacht haben – oft genug umsonst –, haben sich angewöhnt, anzurufen. Gibt es keine weitere Störung, bleiben sie auf der Wache und schonen die Energie für einen späteren tatsächlich notwendigen Einsatz.

Ihr Körper kann lernen. Zum einen, dass Emotionen, auch wenn diese aus früheren Zeiten stammen, aushaltbar sind, wenn man mehr Verständnis und Einsicht hat. Zum anderen brauchen Sie diese gar nicht mehr zu fürchten, denn Sie kennen sie schon und wissen, welche Grundbedürfnisse versorgt werden wollen. Zu guter Letzt wird Ihr Körper sich die emotionale kindliche »Überreaktion« selbst langsam abgewöhnen, je weniger Sie darauf einsteigen.

Nun haben Sie Zeit und Kapazitäten dafür, »Nein« zu sagen, weil Sie Ihre Grenzen achten. Schuldzuweisungen, Selbstvorwürfe und Beschämungen haben keinen Platz. Klären Sie für sich, wer in der aktuellen Situation verantwortlich ist. Sie tragen für Ihr Verhalten, Ihre Äußerungen, Ihre Gedanken und Ihre Gefühle Verantwortung. Das reicht aus unserer Sicht vollkommen aus, denn es ist wirklich schon eine große Herausforderung, das richtig zu machen.

Immer bereitwillig Verantwortung für andere zu übernehmen, ist gelegentlich Selbstüberschätzung. Es verhindert keineswegs Scham und Schuld. Sie selbst bleiben sich dann etwas schuldig, weil Sie nicht gut für sich gesorgt haben und Scham darüber empfinden, sich selbst vernachlässigt zu haben. Das wollen Sie jedoch nicht mehr. Weder alte Scham und Schuld noch neue unangemessene Scham und Schuld. Seien Sie also ehrlich zu sich. Wie viel Verantwortung tragen Sie wirklich?

Was sollten Sie stattdessen tun? Sie möchten gern für Ihr Gegenüber da sein, ansprechbar sein, gewissenhaft und mitfühlend sein? Das verstehen wir. Dafür müssen Sie aber nicht immer gleich handeln. Stattdessen können und sollten Sie der anderen Person zunächst zuhören, genau hinhören und sich einfühlen. Versuchen Sie zu verstehen, weshalb Ihr Gegenüber so reagiert, sich so verhält. Fragen Sie nach, wenn Sie etwas nicht verstanden haben. Und warten Sie ab, ob es überhaupt Ihren Einsatz braucht. Dazu finden Sie im Kapitel »Kontakte zu anderen besser gestalten« hilfreiche Informationen.

Vermutlich tauchen die »alten Bekannten« Scham und Schuld häufiger auf, wenn Sie Ihr Verhalten ändern. In der Homöopathie nennt man das Phänomen »Erstverschlimmerung«. Das Bild nutzen wir auch gern, denn es zeigt, dass Sie den Fuß in der Tür haben und diese für Veränderungen offen ist. Scham und Schuld sind in diesem Fall Wegweiser. Super!

Wie beschrieben (vgl. S. 98), müssen Scham und Schuld spürbar sein, wenn Sie daran arbeiten wollen. Wenn das der Fall ist, begrüßen Sie das emotionale Erleben, denn nur dann können Sie es wirklich korrigieren. Ohne aktiviertes Erleben würden wir wieder nur darüber reden, Ratschläge erteilen – aber das führt selten zu den erwünschten Veränderungen.

Einen eigenen Umgang mit den familiären, kulturellen und religiösen Voraussetzungen finden

In der kindlichen Entwicklung kann ein wiederholt vermitteltes elterliches Bild »Du bist nicht in Ordnung« zum Selbstbild »Ich bin nicht in Ordnung« gewandelt und verinnerlicht werden. Ich schäme mich für meine Existenz. Hier gilt es, im späteren Erwachsenenleben einen neuen Umgang mit den zerstörerischen Vorstellungen von sich selbst zu finden. Vor allem wenn die Eltern in entscheidenden Entwicklungsphasen krank waren, haben Kinder nahezu intuitiv gelernt, die Schuld dafür bei sich zu suchen. Aus dem nicht möglichen angemessenen Modelllernen am geliebten, unerreichbaren Objekt heraus resultiert eine Wut auf das Selbst. Nicht Bewältigbares wird von dem Kind auf sich selbst bezogen: Es fühlt sich als Versager und versucht, die Schuldgefühle zu kompensieren.

Wenn Sie als Kind oft für Harmonie sorgen mussten, fühlen Sie sich aufgrund erlernter Verhaltensmuster schuldig, sobald sie nicht mehr auf die scheinbar nur Ihnen mögliche Weise für Harmonie in Ihrem Umfeld sorgen können. Den oft dahinter liegenden Ärger über andere haben Sie nicht gespürt. Die Schuld war dagegen eine sozial erwünschte bzw. erlaubte Emotion und daher umso deutlicher zu spüren. Hier gilt es, den verinnerlichten, emotional verankerten Gedanken »Ich fühle mich schuldig« als wenig hilfreichen Bewältigungsmechanismus zu erkennen und sich bewusst von ihm zu distanzieren.

Erst wenn Sie die biografischen Verknüpfungen erkennen, die durch das familiäre, kulturelle und religiöse Umfeld ganz individuell geprägt wurden, können Sie sich neue Verhaltensweisen überlegen und einüben. Neu in das alltägliche Erleben einbezogen, dürfen anstelle empfundener Schuld die sie begründende Wut, anstelle empfundener Scham die zugrunde liegenden sozialen Ängste spürbar werden. Als Bewältigung unbefriedigter Bedürfnisse erkannt, kann nun ein neues Leben in selbstbewusster bzw. selbstgewisser Freiheit voller Stolz und Eigenverantwortung folgen.

Welche Gedanken gehen meiner empfundenen Schuld voran?

Welche Gedanken gehen meiner empfundenen Scham voraus?

Welcher Teufelskreis im Verhalten resultierte bislang daraus? Geben Sie diesem eine Überschrift, einen Filmtitel oder Ähnliches.

Welche alternativen Verhaltensformen sind denkbar? Wählen Sie eine konkrete aus.

Welche Gedanken sind hilfreich, um mich in kritischen Situationen so zu fühlen, wie ich mich gerne als erwachsener Mensch fühlen möchte?

Es geht darum, in kritischen Situationen zu verstehen, wie es anders und besser für mich sein könnte. Was ist förderlich für mich? Was ist lediglich der altbekannte, ausgetretene Trampelpfad, der mich bereits mein ganzes Leben in die Irre geführt hat, und als solcher erkannt werden will? Wo endet der Heimatfilm und wo beginnt die Realitysoap? Dabei gilt es, schuldhafte Selbstbeziehungen und schamhafte Selbstabwertungen zu überwinden.

Bezogen auf die Schuld kann es zu einer Veränderung führen, wenn ich bewusst meine Kompetenzen zum Einsatz bringe, um meine Bedürfnisse zu befriedigen, weil meine Angst, anderen damit zu schaden, kleiner geworden ist. Bezogen auf Schamerleben kann ich bewusst sagen und auszudrücken versuchen, was mit mir aktuell los ist, in Abgrenzung zu dem, was mit mir in der Vergangenheit geschehen ist. Ein selbstverständlicher Umgang mit Stolz, Durchsetzungsvermögen und Selbstbehauptung anstelle des alten schaminduzierten Vorgehens kann manche Wunde heilen.

Es passiert nichts Schlimmes, wenn Sie einzelne Ziele in Ihrem Leben nicht erreichen oder einen »Auftrag« ablehnen müssen. Im Anschluss an die Maxime »Jeder ist seines Glückes Schmied« mag in unserer Leistungsgesellschaft rasch ein Empfinden von Scham und auch Schuld entstehen, wenn von der Arbeit geruht wird, wenn ein einzelner Mensch aus dem allgemeinen Selbstoptimierungszwang aussteigt. Doch gerade dieses kann Ausdruck einer gesunden, autonomen und bewussten Lebensführung mit realistischer Einschätzung der eigenen Fähigkeiten und Bedürfnisse sein. Etwas weniger streng zu sich selbst zu sein, kann den Alltag deutlich erleichtern. Als Reaktion auf erlebte kindliche Hilflosigkeit und Zurückweisung kann eine realistische erwachsene Sicht auf die eigene Person und die Suche nach alternativen Gedanken, Gefühlen und Verhaltensweisen einsetzen.

Was sind meine individuellen familiären, kulturellen und religiösen Voraussetzungen bzw. Wurzeln?

Welche Rolle nehmen diese Wurzeln für meine Wahrnehmung einzelner Aspekte von Schuld und Scham ein?

Welche Rituale erleichtern mir den Alltag?

Welche »positiven Aktivitäten« kann ich einsetzen, um mit auftretendem Scham- und Schulderleben zukünftig achtsamer umzugehen?

Seien Sie gewiss, dass Schuld- und Schamempfinden wichtige emotionale Fertigkeiten im sozialen Miteinander darstellen. Es gilt nur, die Heftigkeit der emotionalen Reaktion so zu bearbeiten, dass Sie in Zukunft diese Emotionen als weniger quälend und verletzend erleben müssen. Wir hoffen, dass Sie einiges an Rüstzeug an die Hand bekommen haben, um ein zufriedeneres, glücklicheres und erleichtertes Leben führen zu können.

Emotionsliste

Abneigung Abscheu Ärger Aggression Amüsiertheit Angst Anteilnahme Argwohn Apathie Bedauern Bedrückung Begehren Begeisterung Belustigung Beschwingtheit Besorgnis Betrübtheit Beunruhigung Betroffenheit Bewunderung Dankbarkeit Ehrfurcht Eifersucht Einsamkeit Ekel Entmutigung Entsetzen Enthusiasmus Entschlossenheit Enttäuschung Erfüllung Ergriffenheit Erheiterung Erleichterung Erniedrigung Erregung Euphorie Freude Fröhlichkeit Frustration Furcht Geborgenheit Gereiztheit Glück Grant Groll Hass Heimweh Heiterkeit Hektik Hoffnung Hoffnungslosigkeit Irritation Kälte Kampflust Kummer Kränkung Langeweile Leere Leidenschaft Liebe Lust Macht Missfallen Missstimmung Misstrauen Mitgefühl Mitleid Mut Neid Neugierde Niedergeschlagenheit Offenheit Ohnmacht Optimismus Panik Ratlosigkeit Reue Rührung Schadenfreude Scham Schmerz Schreck Schuld Schwermut Sehnsucht Sorge Spannung Staunen Stolz Trauer Traurigkeit Triumph Trotz Überdruss Übermut Überraschung Ungeduld Unbekümmertheit Unlust Unruhe Unsicherheit Verachtung Verdruss Verehrung Vergnügen Verlangen Verlassenheit Verlegenheit Verletztheit Vermissen Verschlossenheit Verständnis Verstimmtheit Vertrauen Verunsicherung Verwirrung Verwunderung Verzweiflung Wärme Wehmut Widerwille Wohlempfinden Wohlwollen Wut Zaghaftigkeit Zärtlichkeit Zerissenheit Zorn Zufriedenheit Zuneigung Zutrauen Zuversichtlichkeit

Dies sind nur einige Vorschläge für Emotionen. Sie können die Liste gern ergänzen.

Es gibt übrigens mehr unangenehm empfundene Emotionen als angenehm empfundene Emotionen. Was tatsächlich auch Sinn macht, denn die Emotionen, die wir als weniger angenehm erleben, sollen uns auf den Missstand hinweisen, dass das dahinter liegende Bedürfnis unversorgt bzw. nicht gesättigt ist. So können wir uns kümmern. Zu frühesten Zeiten war das überlebenswichtig.

Wo Sie Informationen und Hilfe finden

Angst und Panik

http://www.psychic.de/forum/
https://www.angst-panik-hilfe.de/

Bipolare Störungen

www.dgbs.de

Depressionen

http://www.fideo.de/
http://www.forum-depressionen.de/
http://www.depressionsliga.de/unser-angebot-literatur-ratgeber.html
http://www.deutsche-depressionshilfe.de/stiftung/literatur-zu-depression.php
http://www.rlp-gegen-depression.de/literatur.html

Persönlichkeitsstörungen

http://www.borderline-selbsthilfeforum.com/
http://www.chaos-linie.de/

Zwänge

https://www.dgz.de/

Störungsübergreifende Foren

https://www.hoffnungsschimmer-forum.de/
http://www.selbsthilfeforen.de/
http://www.psychenet.de/

Telefonseelsorge

http://www.telefonseelsorge.de/

Kostenlose Telefonnummern

0800-1110111

0800-1110222

Medikamente

GREVE, N.; OSTERFELD, M; DIEKMANN, B. (2017): Umgang mit Psychopharmaka. Köln: BALANCE buch + medien Verlag 2017.

Psychotherapie

http://www.bptk.de/service/therapeutensuche.html

http://www.psychotherapeutenkammer.de/

http://www.psychotherapiesuche.de/

http://www.psychenet.de

http://www.bundesaerztekammer.de/ueber-uns/landesaerztekammern/adressen/

PIONTEK, R. (2009): Mut zur Veränderung, Methoden und Möglichkeiten der Psychotherapie. Köln: BALANCE buch + medien Verlag 2009.

Weitere nützliche Adressen

http://www.rehakliniken.de/rehakliniken/schnellsuche

https://suchthilfe.de/tageskliniken/index.htm

http://www.der-wegberater.de/suche-burn-out-kliniken/

Bauer, J. (2006): Warum ich fühle, was du fühlst: Intuitive Kommunikation und das Geheimnis der Spiegelneurone. München: Heyne.

Bauer, J. (2007): Spiegelneurone als neurobiologische Basis therapeutischen Verstehens. Existenzanalyse, 24: 36–43.

Benedict, R. (1955): Urformen der Kultur. Reinbek: Rowohlt.

Benedict, R. (2006): Chrysantheme und Schwert. Formen der japanischen Kultur. Frankfurt am Main: Suhrkamp.

Bonelli, R.M. (2016): Selber schuld! Ein Wegweiser aus seelischen Sackgassen. 6. Auflage. München: Pattloch.

Bowlby, J. (2019): Das Glück und die Trauer: Herstellung und Lösung affektiver Bindungen. 6. Auflage. München: Droemer/Knaur.

Dilling, H.; Mombour, W.; Schmidt, M. H. (Hg.) (2015): Internationale Klassifikation psychischer Störungen. ICD-10 Kapitel V (F). Klinisch-diagnostische Leitlinien. 10. überarbeitete Auflage. Bern: Hogrefe.

Epstein, S. (1990): Cognitive-experiential Self-theory. In: Pervin, L. (Hg.): Handbook of Personality: Theory and Research. New York: Guilford.

Galling, K. (Hg.) (1986): Die Religion in Geschichte und Gegenwart (RGG). Handwörterbuch für Theologie und Religionswissenschaften. Studienausgabe, 3. Aufl., Tübingen: Mohr. Darin die Artikel »Scham«, Bd. 5, Sp. 1383–1386.; »Sünde und Schuld«, Bd. 6, Sp. 476–506.

Grawe, K. (2004): Neuropsychotherapie. Göttingen: Hogrefe.

Han, S.P.; Shavitt, S. (1994): Persuasion and culture: Advertising appeals in individualistic and collectivistic societies. Journal of Experimental Social Psychology, 30 (4): 326–50.

Jacob, G.; van Genderen, H.; Seebauer, L. (2017): Andere Wege gehen. Lebensmuster verstehen und verändern – ein schematherapeutisches Selbsthilfebuch. 2. Auflage. Weinheim, Basel: Beltz.

Kabat-Zinn, J. (2019a): Achtsamkeit für Anfänger. Neuausgabe. Freiburg: Arbor.

Kabat-Zinn, J. (2019b): Gesund durch Meditation. Das große Buch der Selbstheilung mit MBSR. Neuausgabe. München. Knaur MensSana.

Kabat-Zinn, J. (2019c): Im Alltag Ruhe finden: Meditationen für ein gelassenes Leben. 2., überarbeitete Auflage. München: Knaur MensSana.

Kahneman, D; Miller, D. (1986): Norm Theory: Comparing Reality to its Alternatives. Psychological Review, 93 (2): 136–53.

Kerkeling, H. (2021): Ich bin dann mal weg: Meine Reise auf dem Jakobsweg. 4. Auflage. München: Malik.

Knigge, A. F. (2002): Über den Umgang mit Menschen (1788). Neudruck der fünften Auflage (1796 = RUB). Stuttgart: Reclam.

Koch, K. (1972): Gibt es ein Vergeltungsdogma im Alten Testament? In: ders. (Hg.): Um das Prinzip der Vergeltung in Religion und Recht des Alten Testaments (WdF 125). Darmstadt: Wissenschaftliche Buchgesellschaft, S. 130–180.

Koltko-Rivera, M. E. (2006): Rediscovering the Later Version of Maslow's Hierarchy of Needs: Self-Transcendence and Opportunities for Theory, Research, and Unification. Review of General Psychology 10 (4): 302–317.

Krause, G.; Müller, G. (Hg.) (2000): Theologische Realenzyklopädie (TRE). Studienausgabe, Teil II. Berlin/New York: de Gruyter. Darin die Artikel »Liebe«, Bd. 21, 1991, S. 121–191; »Mensch«, Bd. 22, 1992, S. 458–577; »Neid«, Bd. 24, 1994, S. 246–254; »Normen«, Bd. 24, 1994, S. 620–643.

Krause, G.; Müller, G. (Hg.) (2006): Theologische Realenzyklopädie (TRE). Studienausgabe, Teil III. Berlin/New York: de Gruyter. Darin die Artikel »Rache«, Bd. 28, 1997, S. 82–88; »Scham«, Bd. 30, 1999, S. 65–72; »Schuld«, Bd. 30, 1999, S. 572–591; »Wert«, Bd. 35, 2003, S. 648–657.

Lammers, C. (2018): Emotionsbezogene Psychotherapie: Grundlagen, Strategien und Techniken. Stuttgart: Schattauer.

Lammers, M. (2016): Emotionsbezogene Psychotherapie von Scham und Schuld: Das Praxishandbuch. Nachdruck der 2., vollständig überarbeiteten und erweiterten Auflage 2011. Stuttgart: Schattauer.

Lewis, H. (1971): Shame and guilt in neurosis. New York: International Universities Press.

Maslow, A. H. (1943): Theory of Human Motivation. Psychological Review, 50 (4): 370–96.

Maslow, A. H.; Geiger, H.; Maslow, B. G. (1993): Abraham H. Maslow, Henry Geiger, Bretha G. Maslow: The Farther Reaches of Human Nature (Compass). New York: Arkana (ursprünglich bei Viking Press, New York 1971).

Maslow, A. H. (1981): Motivation und Persönlichkeit. Reinbek bei Hamburg. Rowohlt.

Müller-Braunschweig, H.; Stiller, N. (Hg.): (2010): Körperorientierte Psychotherapie. Methoden – Anwendungen – Grundlagen. Heidelberg: Springer Medizin Verlag.

Potreck-Rose, F.; Jacob, G. (2019): Selbstzuwendung, Selbstakzeptanz, Selbstvertrauen. Psychotherapeutische Interventionen zum Aufbau von Selbstwertgefühl. 12. Druckauflage. Stuttgart: Klett-Cotta.

Premack, D.; Woodruff, G. (1978): Does the chimpanzee have a theory of mind? Behavioral and Brain Sciences, 1 (4): 515–526.

Roese, N. J. (2007): Ach, hätt' ich doch! Wie man Zweifel in Chancen verwandelt. Frankfurt am Main: Eichborn.

Rosenberg, M. B. (2016): Gewaltfreie Kommunikation: Eine Sprache des Lebens. 12., überarbeitete und erweiterte Auflage. Paderborn: Junfermann.

Sass, H.; Wittchen, H. U.; Zaudig, M. (2001): Diagnostisches und statistisches Manual psychischer Störungen – DSM-IV. 3., unveränderte Auflage. Göttingen: Hogrefe.

Thompson, F. C. (1984): Studienbibel. Nach der Übersetzung M. Luthers. Altes und Neues Testament. Stuttgart: Hänssler-Verlag Neuhausen.

Weiner, B. A. (1980): cognitive (attribution)-emotion-action model of motivated behavior: An analysis of judgements of help-giving. Journal of Personality and Social Psychology, 39: 186–200.

Weiner, B. A. (1986): An attributional theory of motivation and emotion. Berlin, New York: Springer 1986.